LES PRÉCÉDENTS

MILITAIRES

DE LA

CAPITULATION DE PARIS EN 1815

D'APRÈS PLUS DE 300 PIÈCES DE LA CORRESPONDANCE
OFFICIELLE DES MARÉCHAUX SOULT, DAVOUST ET
GROUCHY, AINSI QUE DES GÉNÉRAUX SOUS
LEURS ORDRES

Dédié aux lecteurs du Recueil mensuel ayant
pour titre le SPECTATEUR MILITAIRE

Tous droits sont réservés et la reproduction interdite

Chez DENTU, libraire-éditeur, Palais-Royal, 17 et 19, à Paris.

BAYEUX

TYPOGRAPHIE ST-ANGE DUVANT.

JUIN 1869

AVANT-PROPOS.

L'objet du présent travail est d'offrir à l'histoire des documents nouveaux, tendant à fixer le degré d'autorité morale des traités de 1815 ; en démontrant qu'ils ont été rendus inévitables par la capitulation de Paris, acte accompli par un aveuglement tout personnel, en dehors du droit politique, comme des nécessités du droit militaire.

Peut-être encore aujourd'hui, la responsabilité de cette capitulation souscrite au seul nom de l'autorité militaire, est-elle dans beaucoup d'esprits tenue en dehors de la question politique et imputée à l'impuissance de l'armée. — Or, c'est l'armée elle-même qui dans le présent travail, va produire les documents incontestables qui ont régi les deux questions ; c'est la correspondance des maréchaux Soult, Davoust et Grouchy, ainsi que celle des généraux sous leurs ordres, qui va décrire jour par jour, et en quelque sorte heure par heure, la marche des événements ; c'est elle qui va tracer la stratégie rétrospective, le panorama des opérations militaires , et dire par le témoignage des faits , quelle a été la réalité des intentions.

La responsabilité de ces actes se résumant sur les noms des maréchaux Davoust et Grouchy, qui en ont été les agents directs ; c'eût été un devoir pour les représentants de leurs mémoires, de produire au grand jour ces documents, et c'est pour eux un tort grave de prétendre les oblitérer par des fictions.

Une brochure publiée en 1864 sous le nom du général Grouchy alors décédé, ayant eu pour objet de méconnaître les vérités les plus essentielles sur les principaux faits de Waterloo , et d'oblitérer celles qui sont spéciales aux précédents de la capitulation de Paris ; le dépôt et la publicatton des principales pièces authentiques ; ont immédiatement pourvu aux premières nécessités de la vérité historique.

L'auteur d'un trop gros livre publié en 1866 , sous le titre « D'HISTOIRE DE LA VIE POLITIQUE ET MILITAIRE DU MARÉCHAL DAVOUST ; a prétendu avoir écrit d'après la communication des notes de ce maréchal (738-739), et y avoir trouvé la preuve d'une *trame occulte et criminelle*, ayant été dans l'armée et à son insu, un élément funeste de la capitulation de Paris. — Quelque chétif que puisse être en fait d'appréciation, le témoignage d'un livre aussi fécond en suppositions que stérile en preuves ; on ne peut néanmoins méconnaître la gravité de sa déclaration, sur le fait matériel de l'existence des notes du maréchal Davoust, et de l'accusation prétendue portée par elles . contre une *trame occulte et criminelle.....* » Si donc ces pièces ne sont pas produites au grand jour , leur oblitération sera le juste

désaveu d'une apologie, qui aux dépens de son auteur,
n'aura eu d'autre résultat que de remettre inconsidé-
rément en cause une grande figure historique.

Ce que n'ont pu ou voulu faire les représentants
de deux illustres personnages, est fait ici par celui
d'un de leurs obscurs subordonnés, et la mémoire du
général chef d'état-major du maréchal Grouchy, pendant
tout le cours des Cent-Jours, va continuer son œuvre
de loyauté, en offrant à l'histoire plus de 300 pièces
officielles, spéciales aux opérations militaires entre le
19 et le 30 juin 1815, — devant éviter les longueurs
et la confusion d'une copie entière de ces pièces, et
en même temps exclure tout soupçon d'oblitération ;
l'auteur du présent travail aura soin d'apposer près du
texte de chaque allégation ou pièce, le numéro d'ordre
indiquant le rang qu'elle occupe, dans un recueil qui en
réunit un très-grand nombre sous la même reliure.

L'auteur ne devant prétendre à aucune autre autorité
que celle des documents ; ne présentant que comme
opinion personnelle et simples études, le commentaire
indispensable pour les relier l'un à l'autre, reste
incliné devant l'hommage rendu en ces termes, à la
mémoire du maréchal Davoust par deux illustres his-
toriens..... « SA MÉMOIRE RESTE ACCUSÉE MAIS GLORIEUSE. »

« ACCUSER UN TEL HOMME DE FAIBLESSE OU DE LACHETÉ
« SERAIT UNE FOLIE DE L'ESPRIT DE PARTI. »

Il reste non moins incliné, devant l'hommage qui,
pour le maréchal Grouchy se résume en ce seul mot...
« INFORTUNÉ. » — Mais il avoue ne trouver d'autre
preuve que celle d'une très-plaisante infatuation, dans

ce foudroyant anathème fulminé par le gros livre, avec
les éclats d'une sentence du jugement dernier :
« ARRIÈRE DONC LES MENSONGES ET LES LIBELLES ! IL EST
« TEMPS QUE LA JUSTICE ET LA VÉRITÉ, RENDENT A LA
« MÉMOIRE DE DAVOUST L'HOMMAGE QUI LUI EST DU. » (636).

Ainsi soit-il.

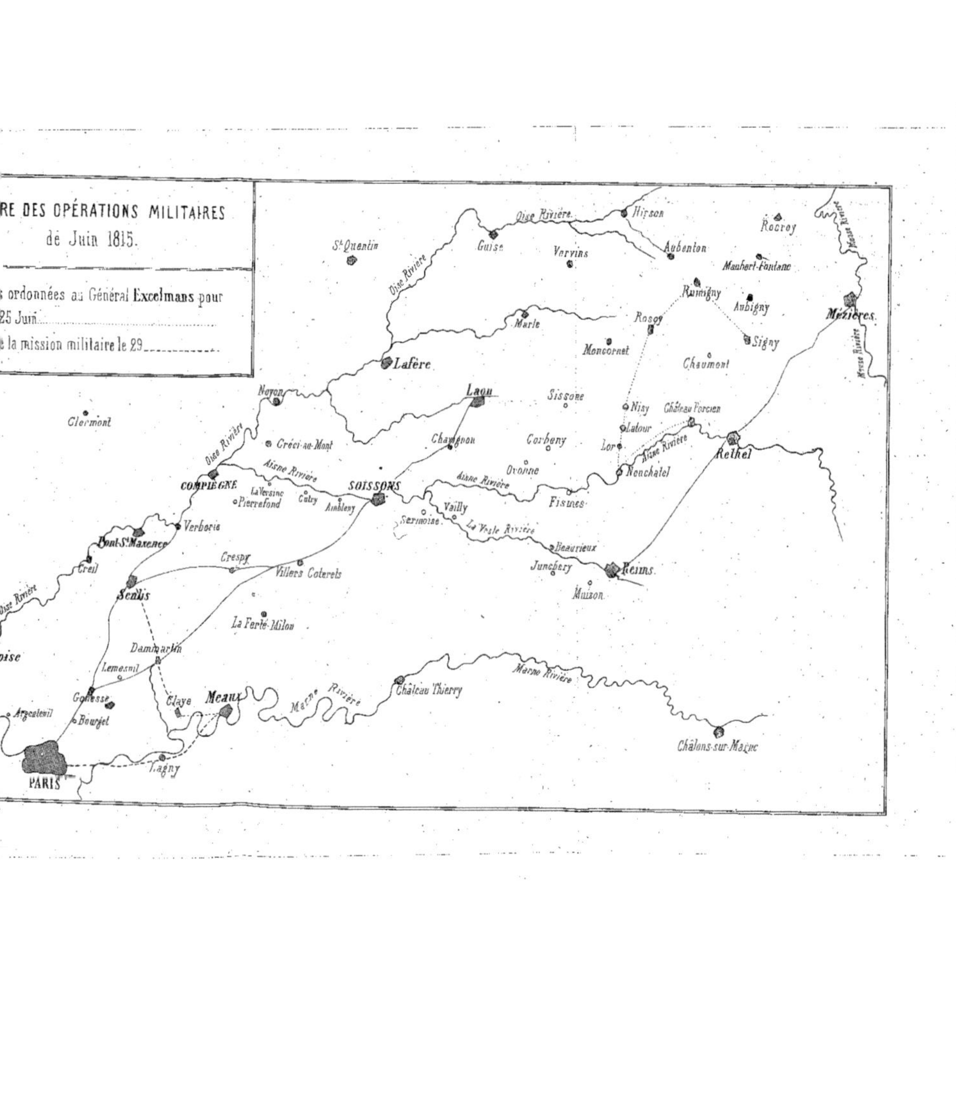
RE DES OPÉRATIONS MILITAIRES
de Juin 1815.

ordonnées au Général Excelmans pour
25 Juin
la mission militaire le 29

St Quentin
Oise Rivière
Guise
Vervins
Hirson
Rocroy
Aubenton
Mauhert-Fontane
Meuse Rivière
Rumigny
Aubigny
Mézières.
Marle
Rosoy
Signy
Moncornet
Chaumont
Lafère
Noyon
Laon
Sissone
Clermont
Oise Rivière
Créci-au-Mont
Champnon
Corbeny
Niay
Château Porcien
Latour
Lor
Aisne Rivière
Rethel
Aisne Rivière
Ovonne
Neuchatel
COMPIEGNE
La Versine
Pierrefond
Cutry
Aihleny
SOISSONS
Aisne Rivière
Fismes
Verberie
Sermoise
Vailly
La Vesle Rivière
Beaurieux
Pont-St Maxence
Crespy
Villers Coterets
Junchéry
Reims
Creil
Muizon
Senlis
La Ferté-Milon
Oise Rivière
Dammartin
Lemesnil
Marne Rivière
Gonesse
Claye
Meaux
Château Thierry
Argenteuil
Bourget
Marne Rivière
Oise
Châlons-sur-Marne
PARIS
Lagny

CHAPITRE 1er.

Une distance de 92 lieues sépare Waterloo de Paris.
Après la funeste issue de la bataille , les positions militaires de la Fère et de Laon furent désignées aux
deux ailes, comme premier objectif de la retraite. Les
débris de l'aile gauche ayant en majeure partie atteint
ces positions le 22, et en presque totalité le 23,
avaient fait une marche moyenne de plus de 11 lieues
par jour ; mais sur les 28,000 hommes alors réunis ,
8,000 avaient perdu leurs armes et la vue de leur
drapeau , et toute l'artillerie, personnel et matériel était
dans un état complet de désorganisation, — Ainsi, tout
en déplorant que le tableau de cette situation, ait porté
à l'excès le découragement de l'Empereur et de l'opinion , on ne peut méconnaître la sincérité des rapports
qui lui furent adressés le 22 , par le colonel de Bussy
et le maréchal Soult. (299)

La distance qui de Vavres séparait l'aile droite de
Paris , eut été à peu de chose près la même que pour
la gauche, si les circonstances militaires d'abord et les
ordres ensuite , ne lui avaient pas imposé un circuit

par Namur, Givet, Rhétel, Rheims, Soissons et Meaux, ce qui porta la marche de ce corps à plus de cent lieues. En effet, le maréchal Grouchy n'apprit le désastre de l'aile gauche que le 19, à 11 heures du matin, alors qu'il était au-delà de Vavres, avec le 4me corps et la cavalerie occupé à repousser Thielman. A ce moment le 3me corps venant prendre la tête de cette poursuite, le maréchal ordonna au général Vandamme de la continuer avec prudence, puis, par un mouvement subit, de se retirér rapidement sur Namur, le même jour et par la voie la plus directe. De son côté, comprenant avec raison, que le corps de Pirch parti trop tard la veille pour avoir pris part à la bataille de Waterloo, devait tenter de lui couper la retraite, il marcha rapidement par sa droite dans la direction de Sombref, avec le 4me corps et la cavalerie, pour couvrir la marche du 3me et s'assurer de Namur. — Si la lenteur et l'irrésolution de Pirch, n'avaient pas été compensées le 19 et le 20 par la mauvaise volonté du général Vandamme, l'aile droite toute entière eut été à couvert dans Namur, et les combats qui eurent lieu eussent été modifiés ; du reste ils ont été peu regrettables, ayant eu pour résultat une très-grande perte d'hommes du côté de l'ennemi, et de notre côté des pertes presques nulles, sauf celle du temps. (76-79). — Enfin l'aile droite arrriva à Soissons le 27, ayant malgré les combats et les haltes, fait une marche directe de plus de 9 lieues par jour, sans avoir perdu un seul canon, un seul trophée militaire, et animée d'une énergie morale plus développée que jamais.

Les positions de la Fère et de Laon avaient été admirablement choisies , comme objectif commun de la marche des deux ailes. L'aile gauche ayant avancé sur l'ennemi, pouvait y réunir ses débris, les réorganiser, disputer les passages des rivières aux avants-postes ennemis , et se préparer à la défense des passages inférieurs de l'Aisne. Cette position couvrait en même temps la marche de l'aile droite , et assurait sa jonction , sans que ni l'une ni l'autre eussent rien perdu de leurs chances , soit pour la défense du terrain, soit pour une marche directe vers Paris avec avance sur l'ennemi.— Mais l'option entre l'une ou l'autre de ces résolutions, était nécessairement subordonnée a une circonstance éventuelle. Si le 26 , Napoléon eut été à la tête de l'armée , la défense du terrain était le plan tracé par le fait même , et l'occasion se présentait aussi belle au moins que le 15 à Charleroi. Mais lorsque dès le 24 , l'abdication était connue de l'armée , l'impuissance des pions sur un tel échiquier , excluait toute hésitation sur la nécessité de marcher directement vers Paris.

En signant son abdication le 22 , l'Empereur avait dit : « JE NE M'Y TROMPE PAS , C'EST EN FAVEUR DES « BOURBONS QUE J'ABDIQUE. »..... Il ne serait pas rationnel de supposer, qu'avec une profondeur de jugement telle que la sienne, le maréchal Davoust S'Y SOIT TROMPÉ, et tout aussi peu d'admettre qu'il ait pu être trompé. Ainsi lorsque son histoire reconnaît l'existence de ses notes, et leur attribue d'accuser une *trame criminelle* d'avoir été l'un des éléments de la Capitulation de Paris ; on est en droit d'attendre plus que jamais de sa mémoire, les explications que depuis 53 ans elle doit à la France à ce sujet.

Jusqu'au 24 juin, la marche directe vers Paris, paraissait être la seule mesure en voie d'exécution, comme elle était la seule conforme au vœu formel de l'armée, aux aspirations de l'opinion, et aux actes extétérieurs du Gouvernement. Ce fut alors que des marches obliques firent éclater les funestes défiances péniblement comprimées jusques-là, et dont la mesure à l'égard des trois chefs principaux, ne peut être mieux fixée que par le texte même de la correspondance officielle.

Le maréchal Soult n'a pu être et n'a été que le point central de la retraite de l'armée, et son rôle de chef se trouve réduit de fait, à celui d'intermédiaire de la réception et transmission des ordres et rapports, — Imputer à ce Maréchal le tort immense, de ne pas avoir pourvu à la défense de Compiègne et autres positions du cours de l'Oise, est une énormité qui se trouvera mise à jour dans ce travail. Il est donc considéré comme hors de cause, pour la période décisive des événements, c'est-à-dire à partir du 25.

La position du maréchal Grouchy comporte plus de responsabilité historique. Bien qu'à ce moment la marche de l'aile droite eut été parfaitement conforme en réalité aux intérêts de la situation, de graves dissentiments avaient déjà éclaté entre lui et deux de ses principaux subordonnés, et déjà les défiances suscitées par ses malheurs le 18 juin, faisaient explosion dans l'armée. — Ce maréchal qui avait à bon droit adressé le 20 juin, sous Namur, une censure méritée au général Vandamme, avait eu la malencontreuse inhabileté de lui livrer le 22 , l'occasion d'une juste revanche. La marche que son ordre de mouvement pour le 22 prescrivait à tous les corps de l'aîle droite, les reunissait en quelque sorte à la file l'un de l'autre en une seule colonne, dans les défilés qui longent le cours de la Meuse ; les laissait à découvert dans des bas-fonds contre les attaques de flanc , et les écartait vers la gauche, de la ligne directe de Laon et Soissons qui était la ligne de Paris.— A cet ordre le général Vandamme opposa la lettre suivante :

« N° 87. —' Givet, le 21 juin 1815.

« Monsieur le Maréchal,

« Je viens de prendre connaissance de l'ordre de mouvement que
« Votre Excellence a donné pour demain ; je crois pouvoir affirmer
« que cet ordre est inexécutable. Nous allons tenir en une seule co-
« lonne une route très-mauvaise, très-difficile, et qui ne nous per-
« mettrait pas de longtemps d'arriver à destination. J'engage Votre
« Excellence à diriger sa cavalerie vers Philippeville, laissant cette
« ville à droite et passant par le village de Neuville, longeant Ma-
« riemboug, en le laissant à gauche , Frasnes, Covin en partie , et
« d'autres par les riez de Chimay, Regnovecz sur Hirson.....
« Je regarde comme essentiel de marcher sur deux colonnes.

« *Général* VANDAMME. »

L'ordre de mouvement déjà devenu public, comme étant adressé à tous les chefs de corps et à l'état-major général, fut reformé, et la marche ramenée à sa direction normale et utile ; mais on peut juger combien une telle leçon dut être préjudiciable à l'autorité morale du chef supérieur. — L'exaspération du général Vandamme à l'égard du maréchal Grouchy, et l'intempérance de ses expressions, sont un fait tellement historique qu'il est inutile de le discuter. Mais s'il dut nécessairement influer alors sur le moral des soldats, il est loin de conserver aujourd'hui la même autorité, que les sentiments du général Exelmans dont le nom est resté cher à la patrie.

Le 23 juin au soir, le quartier général du maréchal Grouchy était à Aubigny, et celui du général Exelmans à Rumigny, localité voisine (95), lorsque le Maréchal lui adressa avec une lettre spéciale l'ordre général de mouvement pour le 24. (96). Le Général avant d'avoir reçu cet ordre, avait déjà entrepris spontanément une marche parfaitement rationnelle, mais différant dans une proportion énorme de celle qui se trouvait tracée par l'ordre de mouvement, et en avait informé le Maréchal par la dépêche suivante :

« N° 98. — (Date omise).

« Monsieur le Maréchal,

« N'ayant pas reçu les ordres de Votre Excellence pour le mou-
« vement que je dois faire demain, je prends le parti de me diriger
« sur Laon en passant par Rosoy, Moncornet et Pierrepont. Je crois
« cette marche indispensable, parce que tous les renseignements qui
« me sont parvenus aujourd'hui, démontrent que l'ennemi a poussé
« des partis au-delà de Vervins, en s'approchant de Marle. Cela me
« fait supposer qu'il doit pousser demain une tête de colonne sur les
« mêmes points.

« Je me persuade que ce n'est pas contrarier les dispositions de
« Votre Excellence, car si elle avait projet de s'approcher de Reims,
« je serais toujours à même de la joindre à Neufchâtel au passage de
« l'Aisne, supposé qu'elle me fasse parvenir les ordres à Moncornet,
« ou je compte arriver demain vers dix heures.

« J'ai avec moi une batterie qui appesantira beaucoup ma
» marche, mais j'espère m'en tirer. L'ordre que j'avais envoyé à

« cette batterie d'aller par Mezières, lui est arrivé trop tard à Mau-
« bert, elle en était partie.

« Votre Excellence trouvera ci-inclus quelques renseignements sur
« l'ennemi et des billets des réquisitions qu'il a frappées.

« Général Exelmans. »

« P. S. — J'informe le général Pajol de mon mouvement ainsi que
« le général Valin. »

Le Maréchal qui avait reçu l'ordre aveuglément donné
de marcher par Reims (103—112), qui d'ailleurs avait envoyé les généraux Pajol et Valin dans la direction prise par
le général Exelmans, lui adressa en réponse la lettre suivante, parfaitement négative de tout sentiment désobligeant.

« Nº 112. — Aubigny, le 24 juin, à 8 heures du matin.

« Mon cher général,
« C'est par suite des ordres du Major général dont voici copie, que je
« marche sur Reims. J'ai rapproché de Rhetel les généraux Pajol et
« Valin, en les plaçant à Chaumont et Sevigny. Il convient, mon cher
« général, que vous marchiez dans la même direction ; d'autant qu'à
« Rosoy et Maimbreçon vous seriez trop éloigné de moi, et que d'ailleurs
« le général Vandamne n'a plus qu'un faible régiment d'hussards à son
« arrière-garde. — Portez-vous donc dans la direction de Neufchâtel,
« vous liant avec les généraux Pajol et Valin, et vous éclairant du
« côté de Laon. Envoyez-moi des rapports à Rhetel où je me rends.

« Maréchal Grouchy. »

Une lettre du général Pajol autorité neutre et impartiale,
décrit la situation à ce moment.

« Nº 115. — Rosoy, le 24 juin, 1815, à midi.

« Monseigneur,
« Au moment ou j'arrivais à Rosoy, j'ai reçu votre lettre de ce

« matin. Je vais faire raffraichir et mettre en route pour me rendre
« à Hannogne et à Bannogne.

   « Je vais faire passer des ordres au général Valin pour qu'il se
« rende à Montigny, Sevigny et Saint-Quentin.

   « Le général Exelmans qui arrive, va se porter avec son corps à
« Nisy-le-Comte, Latour, l'Or, etc.

   « Il est inutile que nous passions par Rhetel pour nous rendre à
« Rheims ; en suivant le chemin de César, nous gagnerons de 4 à 5
» lieues. (114)

   « L'ennemi a poussé seulement des partis à Marle et quelques
« hommes sur Signy. Je crois qu'il n'a que quelques cents chevaux à
« Hirson.

   « On dit qu'il fait le siége d'Avesne et qu'il attaque Maubeuge vi-
« goureusement. Les paysans croient avoir entendu le canon dans
« cette direction hier et aujourd'hui ; mais je n'en ai rien entendu,
« ce qui me fait croire que nous aurions pu continuer notre route
« sur Laon.

   « J'ai vu aujourd'hui le 2me corps de cavalerie (Exelmans), les ré-
« giments paraissent bien montés, il faut qu'il y ait là-dessous quel-
« ques malveillants qui les travaillent. Je suis plus content des miens.

« Général PAJOL. »

Cette lettre du Général le plus rapproché de l'ennemi,
démontre ; que la déviation du mouvement général de l'aîle
droite, reportée de la ligne directe de Laon sur la ligne
brisée de Reims à Soissons a été une grave erreur, puisque
l'arrivée à Laon n'était pas douteuse ; que la contre-marche
du général Exelmans a eu lieu à partir de Rosoy, et que ses
dragons étaient déjà vivement exaspérés, (200 k.) Ce qui va
être plus amplement décrit par le Général lui-même dans
la lettre suivante :

   « N° 115. — Le 24 juin 1815, à 6 heures.

  « Monsieur le Maréchal,

  « Je n'ai pas été à temps d'arrêter le mouvement, dont j'ai eu

« l'honneur de vous faire part par ma lettre d'hier.

« Je ne puis qu'arrêter mes troupes à Rosoy, à Maimbrecy et à
« Maimbreçon. Si je me suis décidé à me porter entre Laon et Marle,
« avant d'en avoir reçu l'ordre de Votre Excellence, c'est que je
« croyais bien qu'elle avait l'intention de me diriger vers ce point ;
« une autre raison m'y a engagé aussi ; c'est l'inquiétude des troupes
« et l'impatience qu'elles témoignent, de s'approcher des troupes de
« l'Empereur. Ces deux choses existent non-seulement chez le soldat,
« mais chez les officiers supérieurs et autres.

« J'ai l'honneur de prier Votre Excellence, d'être bien persuadée
« que je ne me serais pas permis d'anticiper ainsi sur ses intentions,
« si je n'y eusse été porté par les motifs ci-dessus, mais j'espère et je
« dois croire, que ce mouvement de ma part n'aura pas d'inconvé-
« nients ; je ferai tout ce qui dépendra de moi pour parvenir à cela.

« L'ennemi a poussé hier soir un parti de 60 chevaux à Hirson. Les
« lettres ne sont pas arrivées hier ici par la poste, comme c'est la
« coutume.

« Général EXELMANS. »

L'ordre de mouvement pour le 25 (116), prescrivant au
Général « de se rendre des cantonnements qu'il occupe
« à Château Porcien, » donna lieu à l'explication suivante.

« N° 129. — (Date omise). Elle est Château Porcien, 25 juin.

« Monsieur le Maréchal,

« J'ai l'honneur d'informer Votre Excellence de mon arrivée ici,
« ou j'ai seulement une batterie ; les autres sont placées en ar-
« rière en s'approchant de Reims. Je ne puis vous dire combien j'ai
« eu de peine pour faire exécuter ce mouvement à mes troupes. Elles
« étaient déjà près de Neufchâtel, lorsque j'ai reçu votre ordre pour
« me rendre à Château Porcien. Cela a excité beaucoup de murmures,
« et si je ne marche pas demain directement sur Paris, je regarde
« comme une chose impossible de les retenir.

« Il m'est bien pénible de dire à Votre Excellence des choses

« aussi désagréables, mais ce serait manquer à mon devoir que de
« cacher de telles vérités. J'ai donc l'honneur de prier Votre Excel-
« lence, de me donner les ordres nécessaires pour prendre l'avance
« sur Paris, si elle ne veut pas voir franchir les barrières de la su-
« bordination.

« L'espèce de mouvement rétrograde que j'ai du faire pour venir
« ici, a en quelque sorte exaspéré les troupes, comme j'ai eu l'hon-
« neur de vous le dire ; depuis plusieurs jours, les têtes sont
« montées, et il a fallu toute la sagesse des généraux et des colonels
« qui sont avec moi, pour les contenir dans le devoir.

« Général EXELMANS. »

Aussitôt le Maréchal répondit :

« N° 150. — Rheims, le 25 juin 1815.

« .... je reçois votre lettre de ce jour, par laquelle vous me
« prévenez de l'indiscipline qui se manifeste parmi vos troupes, mais
« personne dans l'armée n'a autant que vous l'énergie nécessaire pour
« étouffer d'aussi funestes germes. Ou en serions-nous si les mouve-
« ments des troupes étaient jugés par elles, et si on devait aller ou
« bon leur semble ?

« Quelle peut être leur pensée de marcher sur Paris, quand l'en-
« nemi nous talonne, et que c'est à arrêter ou retarder sa marche
« que doivent tendre nos efforts........ J'espère pouvoir bientôt vous
« mener au combat.

« Maréchal GROUCHY. »

La contremarche trop saillante de Neufchâtel à Cha-
teau Porcien ajoutée à celle de la veille, la déclaration
que la marche vers Paris était interrompue, et les explications que la nature de ces faits entraînèrent à leur
suite ; constituèrent entre le Maréchal et le Général, un
état de froideur qui ne paraissait pas exister précédem-

ment, et cependant aucun des deux interlocuteurs n'avait
de tort réel envers l'autre. — Le général Exelmans exécutait d'office la marche qui eut dû lui être prescrite dans
l'intérêt de la chose publique ; et le maréchal Grouchy
en donnant un ordre contraire, exécutait celui qui lui
était imposé par autorité supérieure. Mais l'armée qui
ne pouvait juger que par l'extérieur matériel des faits,
voyait en toute évidence, que l'aîle droite n'étant même
pas suivie par l'ennemi, sa marche vers Reims était une
mesure irrationnelle. — Le général Exelmans personnellement blessé dans ses convictions et sa dignité, n'accepta point au respect de ses troupes la responsabilité
de contremarches inexplicables, et ne crut pas devoir
accepter près du Gouvernement la solidarité d'un tel
état de choses. (Gros livre 617). — L'auteur de ce livre
attribue aux notes du maréchal Davoust de déclarer :
« *qu'une trame criminelle secrètement ourdie par un*
« *inférieur avec l'ennemi, avait eu lieu dans le but d'i-*
« *soler le corps d'armée du Maréchal Grouchy ; l'em-*
« *pêcher d'arriver au secours de la capitale et renou-*
« *veler la honte de 1814. Que le général Exelmans ayant*
« *eu connaissance de cette trame, en informa le ministre*
« *de la guerre, qui après en avoir référé au Gouverne-*
« *ment, appela à Paris le Maréchal Grouchy et son chef-*
« *d'état-major.* » Or, les pièces transcrites ci-dessus,
font connaître la date de l'information adressée au maréchal Davoust par le général Exelmans, et sa lettre
datée de Vincennes le 29 à minuit, démontre que le
soldat chevaleresque, croyait ce maréchal aussi ferme-
ment résolu que lui-même à résister par les armes. —
Du reste il n'a jamais éte méconnu, que des négocia-

tions officiellement et ostensiblement ouvertes , étaient annoncées à l'armée comme devant influer sur ses opérations. (120 F. — 131 — 172). Il n'y avait donc alors comme aujourd'hui qu'une seule question qui put être agitée : celle de savoir jusqu'à quel degré ces négociations ont été combinées et dirigées dans l'intérêt de la patrie, et contenues dans les limites de l'honneur et du droit. C'est ce que le lecteur doit être mis à portée d'apprécier lui-même.

CHAPITRE II.

—

Ce fut le 25 juin que le maréchal Grouchy entra en fonctions comme chef supérieur de l'armée du Nord ; au moment ou le Gouvernement et les Chambres ordonnaient officiellement la marche sur Paris. — Au moment ou cette marche, seule mesure rationnelle au point de vue militaire , n'était pas encore compromise, — Et ce fut à ce moment môme que parurent à découvert les fausses manœuvres, qui éparpillant l'armée, la déviaient de la direction de Paris !....... — Ce furent donc alors que durent naturellement éclater des irritations proportionnées aux dangers , et le maréchal Grouchy comme agent direct, eut à en supporter la première atteinte, sauf son recours contre qui de droit,

A partir du 25 juin, la direction supérieure des

opérations militaires, a été exercée par le maréchal Davoust à son titre de ministre · de la guerre, et sa correspondance officielle, peut seule fournir de nouveaux aperçus à l'histoire.

« Nº 119. — Paris, le 25 juin, à 4 heures après-midi.

« Monsieur le Maréchal,

« L'intention de la Commission du Gouvernement, est que vous
« vous rendiez de suite à Paris avec votre corps d'armée, c'est-à-dire
« les 3me et 4me corps, et votre cavalerie, que vous vous dirigiez par
« la voie la plus courte en faisant de bonnes marches.......

« *Maréchal* DAVOUST. »

Le maréchal Grouchy était alors entre Rhetel et Reims, on ne comprend pas pourquoi cette dépêche lui fut expédiée par Laon, aussi ne lui parvint-elle qu'après deux autres postérieures en date. (123, 137.)

« Nº 117. — Paris, le 25 juin 1815, à midi.

« Monsieur le Maréchal,

« B..... Vous allez vous trouver avec des troupes qui ont été dans
« ce grand revers du 18, et qui selon tous les rapports s'en ressen-
« tent encore. Prenez toutes les mesures nécessaires pour empêcher
« que la contagion ne gagne votre belle armée. Il faut la faire ap-
« puyer sur votre gauche, la mettre du côté de Compiègne, et lui
« faire occuper, y compris Pontoise, tous les ponts sur l'Oise,
« en y faisant faire des ouvrages de circonstance, et établir des bat-
« teries derrière.

« G. — Il y a à Compiègne une manutention qui servirait à cette
« armée, jusqu'à ce que vous soyez bien organisé, tirez des subsis-
« tances de Reims.

« D. — Un grand désordre règne dans les 1er, 2e et 6e corps,

« prenez ainsi que je vous l'ai demandé hier soir de fortes mesures.

« E. — J'ai donné ordre de faire évacuer sur Paris une partie des
« approvisionnements qui sont à Soissons, arrêtez-en une partie à
« Compiègne. Il est essentiel que Compiègne soit occupé par de bonnes
« troupes et des génégaux distingués; il y a le château dont on peut
« tirer un très-grand parti, chargez le général Rogniat d'y faire quel-
« ques travaux de circonstance.

« Maréchal DAVOUST. »

« Nᵒ 118. — Paris, 25 juin 1815, à minuit.

« Monsieur le Maréchal,

« J'ai soumis la lettre que je vous ai adressée hier soir, et qui vous
« a été remise par mon aide-de-camp Marbot à la Commission du
« Gouvernement, qui en a approuvé le contenu; mais elle me charge
« de vous dire, que vous devez éviter une bataille générale; vous ne
« devez pas vous retirer devant la cavalerie, mais il faut vous replier
« assez à temps pour n'être pas contraint à un engagement général,
« puisque votre armée est destinée à la défense des retranchements
« de Paris.

« A. — Avec les troupes qui y sont déjà et que l'on réunit, nous
» aurons, y compris vos forces, au moins cent mille hommes de
« troupes de ligne. (B). Avec de pareilles forces, l'ennemi y regar-
« dera à deux fois et écoutera des propositions, dans la supposition
« qu'il aurait refusé d'écouter les Commissaires extraordinaires.

« Je vous recommande, Monsieur le Maréchal, de faire occuper
« fortement Compiègne. (D).

« Maréchal DAVOUST. »

« Nᵒ 120. — Paris, 25 juin (l'heure doit être minuit, voir 141).

« Maréchal Davoust au Maréchal Grouchy.

« Monsieur le Maréchal,

« A. — Je vous avais envoyé l'ordre de vous rendre à Paris avec

« votre corps d'armée, mais je reçois à l'instant une lettre de M. le
« général Corbineau, qui m'annonce que votre jonction est faite, et
« que l'ennemi n'a encore montré que de la cavalerie. Votre ar-
« rivée à Paris serait intempestive, je révoque l'ordre, en laissant
« à votre disposition le moment de votre mouvement sur Paris.

« B. — Il faut prendre de suite des dispositions pour faire occuper
« fortement Compiègne, pont St-Maxence et Creil ; choisissez de
« bonnes positions, faites faire des retranchements ; il est d'une haute
« importance que vous preniez une belle attitude, vous aurez rendu
« un grand service à votre patrie.

« C.—Il est bon, toute réflexion faite, que vous occupiez Pontoise,
« afin que vous ayez des rapports sur tout le cours de l'Oise.

« D. — Je donne des ordres pour qu'on retire les embarcations, et
« qu'on abîme les gués. Faites retrancher les ponts et faites les dé-
« fendre par de l'artillerie et de bonnes troupes. Prenez toutes les
« mesures pour détruire ces ponts, dans le cas ou vous seriez obligé
« de vous replier. Envoyez vos parcs de réserve à Villers-Coterets et
« Crespy.

« D.—Prenez des mesures, Monsieur le Maréchal, contre ceux qui
« voudraient désorganiser votre armée, et exciter le soldat à la déser-
« tion. Publiez les peines que les lois militaires de tous les pays, in-
« fligent à ceux qui se rendent coupables de ces crimes.

« E. — Faites aussi connaître franchement par un ordre du jour la
« situation des choses. Napoléon Ier a abdiqué, et désormais, il ne
« peut plus rien être pour nous, et pour tout homme d'honneur
« fidèle à sa patrie.

« F. — Les Chambres ont nommé une Commission de Gouverne-
« ment, qui a envoyé des Commissaires près des puissances alliées,
« pour déclarer que les motifs de la guerre n'existent plus, puisque
« Napoléon a abdiqué et qu'il n'est plus rien pour la France.

« L'attitude que vous donnez à l'armée suffira pour rendre un
« grand service à la patrie. On s'aperçoit que les partis sont com-
« primés à Paris. L'esprit des Chambres et du Gouvernement est ex-
« cellent, tous n'ont d'autre but que de sauver la patrie.

« Maréchal DAVOUST. »

« N° 121. — Paris, 25 juin (l'heure doit être 26, 2 h. 1/2 matin.
    « Voir 141).

    « Monsieur le Maréchal,

« J'ai l'honneur de vous adresser comme renseignement, une note
« dont le contenu peut vous être utile, elle est du général Haxo à qui
« je l'avais demandée.

                                        « *Maréchal* DAVOUST. »

N° 122. — Cette note est un très-long rapport du général du génie Haxo. Il décrit toutes les positions militaires du cours des rivières d'Aisne et d'Oise, et indique les moyens de défense. Ce plan de campagne eut
été excellent trois jours plus tôt, et encore sous la condition, que le maréchal Davoust eut envoyé de Paris
les moyens de défense ·de Compiègne et du cours de
l'Oise. Mais il était caduc et sans objet lorsqu'il a été
envoyé au marchal Grouchy. Le général Haxo termine
par cette conclusion :

« N° 122. — Pont Saint-Maxence, paraît être le point que l'ennemi
« pourrait choisir, pour passer l'Oise et tourner la position de l'Aisne.
« Dans un temps ordinaire, cette opération de sa part serait fort ha-
« sardée, et on pourrait l'en faire repentir en débouchant par Com-
« piègne ; mais les circonstances politiques interdisent aucune ma-
« nœuvre qui pourrait compromettre la seule armée qui nous reste.
« Ainsi, ce point mérite une grande attention, car dans l'état des
« choses, si l'ennemi le forçait et occupait Senlis, l'armée de Soissons
« serait obligée de faire sa retraite par la Ferté-Milon et Meaux, ce
« qui permettrait à l'ennemi d'arriver avant elle sous Paris, et de
« donner des lois à la capitale. »

Lorsque le maréchal Davoust a envoyé ce rapport, il
connaissait les conséquences de ses ordres ; lorsqu'il écri-

vait ces cinq lettres d'une date tellement rapprochée qu'elles semblaient être une seule et même ; il savait que le maréchal Soult, impuissant à défendre le terrain à hauteur de Laon avec les malheureux débris de l'aîle gauche, avait été contraint de se replier sur Soissons.— Que le 25, les têtes de colonne de l'aîle droite ayant l'artillerie en arrière, étaient en marche entre Rethel et Reims ; que si quelque cavalerie était rapprochée , elle n'avait que de l'artillerie légère ; que par conséquent, l'impuissance du maréchal Grouchy à occuper Compiègne et le cours de l'Oise, était à bien peu de chose près la même qu'elle avait été pour le maréchal Soult ; que pour cette opération l'artillerie de position et les pièces attelées de gros calibre étaient de première nécessité, et faisaient presque entièrement défaut à l'armée ; tandis que lui même avait sous la main à Paris, 1,100 pièces de toute nature dans le meilleur état, et servies par d'excellents artilleurs ; qu'enfin si les soldats étaient broyés de fatigue et démoralisés à l'aile gauche ; s'ils étaient éloignés à l'aile droite , et leur ensemble au-dessous de la nécessité des positions aux bords de l'Aisne ; lui-même avait à Paris, d'après sa propre déclaration (118 B). 30,000 hommes de troupes de ligne, qui eussent été plus utiles à la patrie, sur les bords de l'Oise que dans leurs casernes. — Sur le vu de tels documents, il est difficile d'admettre : qu'à partir du 25 au moins , le maréchal Davoust ait eut la sincère intention de défendre Paris.

Tandis que le maréchal Davoust adressait de Paris les ordres qui viennent d'être cités, le maréchal Grouchy exécutant celui qu'il avait reçu le 23 , continuait à reporter ses têtes de colonne de la ligne de Laon sur celle de Reims. Ce mouvement n'eût pas été défavorable, s'il eut été pourvu simultanément par le maréchal Davoust à la défense de Compiègne et du cours de l'Oise ; mais lorsque ce terrain était constitué théâtre principal de la guerre ; lorsque l'artillerie et l'infanterie de l'aile droite étaient encore à Rhetel ; c'était une fausse manœuvre bien évidente, de prescrire à ce corps, force principale de l'armée, de suivre pour arriver, soit à Senlis, soit à Paris, la ligne doublement brisée de Rethel à Reims, Soissons et Paris.

Dans le même moment, le maréchal Soult écrivait de Soissons au maréchal Grouchy, pour le presser d'y arriver de sa personne, et celui-ci lui répondait de Reims, qu'on ne devait l'attendre que le lendemain à Soissons. (123—124).

La lettre suivante paraît utile pour compléter le tableau de la situation au 25 juin.

« N° 127. — Reims, le 25 juin.

« *Général comte de Valmy au Maréchal Grouchy.*

« Monsieur le Maréchal,

« On m'annonce que le 5me corps va arriver à Reims ; en consé-
« quence pour éviter l'encombrement et le contact, je me replie sur
« Junchery.

« Il se manifeste parmi les troupes des sentiments de défiance et
« de lâcheté très-inquiétants ; ils forment des complots de désertion.
« Je ferai avec les officiers sous mes ordres, tous les efforts pour
« prévenir cette épidémie que la garde a propagée. On les voit s'en
« aller par pelotons dans toutes les directions.

« *Général comte* DE VALMY. »

Dans l'après-midi du 25 , le Gouvernement avait officiellement institué une Commission , qui sous la présidence du général Mouton-Duvernet , devait se rendre à l'armée , encourager les troupes et hâter leur marche vers Paris. On verra bientôt combien la correspondance du maréchal Davoust était à la même heure , peu conforme à cette mesure. (299)

Le maréchal Grouchy, quitta Reims dans la nuit du 25 au 26 , sans avoir vu le général Vandamme, mais après lui avoir adressé ainsi qu'aux autres généraux, des instructions précises pour l'exécution des ordres qu'il avait reçus lui-même ; c'est-à-dire la marche sur Soissons , ou les ayant précédé il reçut à son arrivée communication de la dépêche suivante :

« N° 229.—Soissons, le 26 juin 1815, à 8 heures 1/2 du matin.

« *Maréchal Soult au Maréchal Davoust.*

« Monsieur le Maréchal,

« A. — J'ai l'honneur d'adresser à Votre Excellence, une lettre que
« M. le général comte Morand m'a écrite d'Urcel, à 11 heures 1/2 du
« soir, pour m'annoncer que le maréchal Blucher refuse toute sus-
« pension d'hostilités, et que la lettre qui en prévient est restée aux
« mains du général Sébastiani, qui doit en envoyer une copie au
« Gouvernement. Les Commissaires envoyés aux puissances alliées
« attendaient à Laon des passeports pour continuer leur route.

« B.—Le parlementaire prussien a confirmé la prise d'Avesne et de
« Guise, et le général Morand dit que l'ennemi manœuvre autour de
« nos places , ce qui confirme l'opinion que j'ai émise hier soir en
« écrivant à Votre Excellence.

« C. — Un aide-de-camp de Votre Excellence vient d'arriver, il est
« porteur d'une lettre pour le maréchal Grouchy : et il m'a dit qu'il
« venait pour faire différer le mouvement sur Paris, que M. le

« lieutenant-général Mouton-Duvernet et un autre officier général
« devaient venir proposer. Ces deux généraux n'étant pas arrivés, il
« n'y a aucune disposition de faite à cet égard, si ce n'est le mouve-
« ment de cavalerie sur Compiègne, que par une dernière lettre j'ai
« annoncé à Votre Excellence.

« D. — Au sujet de cette disposition, je pense que ce serait pré-
« maturé, et qu'il convient d'attendre que le mouvement de l'ennemi
« soit plus prononcé; et il me paraît que ce mouvement pourrait être
« arrêté au moins pendant quelque temps, si l'armée prenait posi-
« tion à Compiègne, ou elle serait couverte par les cours des rivières
« d'Aisne et d'Oise, appuierait sa droite sur Soissons, et aurait en
« arrière d'elle la forêt de Compiègne qui offre une position très-
« défensive. Ainsi, si l'ennemi continuait son mouvement sur la rive
« droite de l'Oise, on aurait plusieurs débouchés pour menacer son
« flanc gauche ; si au contraire il passait l'Aisne entre Soissons et
« Compiègne, ou au-dessus de Soissons, son flanc droit serait exposé,
« et il devrait venir attaquer l'armée avant de s'avancer davantage.

« E. — J'attends M. le maréchal Grouchy ce matin, et je lui propo-
« serai ces dispositions, bien persuadé qu'il les adoptera ; d'après
« cela je ne puis qu'engager Votre Excellence, à faire diriger sur
« Compiègne les renforts qu'elle se propose d'envoyer, et d'y mettre
« quelques généraux pour les commander, ainsi que deux batteries
« d'artillerie. Ces renforts qui seront probablement composés de mi-
« litaires appartenant à l'armée qu'on a fait réunir à Paris, joindront
« leurs corps à Compiègne ; car les premières troupes de l'armée à
« diriger sur ce point, seront celles de M. le comte Reille, qui sont les
« plus près, et qui d'ailleurs ont le plus souffert.

« F. — Aussitôt l'arrivée de M. le maréchal Grouchy, je partirai
« pour Paris, ou j'espère être arrivé ce soir.

« P. S. — M. le maréchal Grouchy arrive à l'instant, il a reçu la
« lettre de Votre Excellence et je lui communique celle-ci ; il partage
« mon opinion et va faire des dispositions en conséquence. Mais il
« fait observer que les dernières troupes sont encore à Rhetel, et
« qu'elles ne pourront être que dans trois jours à Soissons.

« *Maréchal* SOULT. »

« N° 157. — Soissons, le 26 juin, 8 heures du matin.

Maréchal Grouchy au maréchal Davoust.

« Monsieur le Maréchal,

« A.—J'arrive à l'instant et reçois la lettre de Votre Excellence en date
« du 25 juin, par laquelle vous révoquez l'ordre de porter le corps que
« je commande sur Paris. Les lettres par lesquelles vous me prescri-
« viez ce mouvement ne m'étaient pas parvenues, les officiers qui en
« étaient porteurs ne m'ayant pas joint.

« B. — Je viens de conférer avec M. le maréchal Soult, et me suis
« trouvé entièrement de son avis, quant aux dispositions à prendre
« dans ce moment. Je vais porter des troupes sur Compiègne , ou
« elles eussent pu et dû être déjà envoyées , ou je vous engage à
« diriger de Paris par la route de Senlis, tout ce qui s'y trouvera de
« disponible.

« C. — Les premières divisions de l'aile droite arriveront seulement
« aujourd'hui à Reims , et j'ai encore dans ce moment des troupes à
« Rhetel. La réunion de toutes les troupes dont se compose l'aile
« droite, ne pourra donc être effectuée avant trois jours, mais dès
« aujourd'hui je ferai marcher par ma droite, et occuperai le plus tôt
« possible, Verberie, pont Saint-Maxence et Creil.

« D. — Plus près que moi de Pontoise, je vous demande, Monsieur
« le Maréchal, de donner directement des ordres pour la mise en état
« de ce passage sur l'Oise, comme aussi de ceux de Beaumont, Creil
« et pont Saint-Maxence. Les ordres à cet égard émanant de Votre Ex-
« cellence, s'exécuteront avec plus de célérité et d'ensemble.

« E. — Quelqu'honoré que je sois, Monsieur le Maréchal, du com-
« mandement qui m'est confié, je suis trop dévoué à mon pays pour
« ne pas le regarder comme au-dessus de mes forces, en ce moment
« surtout ou la désorganisation de l'aile gauche de l'armée, affaiblit
« sensiblement le moral des troupes que je ramène , qui ont été
« jointes par les débris de l'armée de l'Empereur, qui par leurs mau-
« vais exemples nous font perdre du monde par la désertion. L'aile
« droite ne se compose que de 20,000 hommes d'infanterie, 5,000
« chevaux.

« F. — Je doute que ce qui se trouve ici forme une masse de 25,000
« hommes, et elle est moins bien disposée, il faut des mains plus ha-
« biles que les miennes pour en tirer un bon parti.

« Veuillez soumettre mes observations au Gouvernement provisoire,
« et l'assurer que si mes talents égalaient mon dévouement pour la
« patrie, je ne me permettrais pas le vœu que j'exprime ici.

« *Maréchal* GROUCHY. »

« N° 158. — Paris, le 26 juin 1815, 2 heures et demie du matin.

« *Maréchal Davoust au maréchal Grouchy.*

« Monsieur le Maréchal,

« Je reçois à l'instant un rapport du duc de Dalmatie, qui me dit
« qu'il y a une très-grande défection dans la garde, qu'elle est encore
« frappée, que des sous-officiers même se sont sauvés, ne négligez
« rien pour guérir ces imaginations.

« *Maréchal* DAVOUST. »

« N° 159. — Paris, le 26 juin 1815.

« *Maréchal Davoust au Maréchal Grouchy.*

« Monsieur le Maréchal,

« Je n'ai pas besoin de vous faire sentir combien il est nécessaire,
« de prendre des mesures pour arrêter les fuyards qui quittent l'ar-
« mée, et les ramener sous les drapeaux.

« La Commission du Gouvernement a porté son attention sur cet
« objet, et en a fait la matière d'un arrêté dont je vous transmets ci-
« joint copie. Donnez sur-le-champ vos ordres pour que cet arrêté
« soit exécuté avec vigueur et célérité, dans l'étendue de votre com-
« mandement. Faites former des détachements de marche, donnez-
« leur la direction la plus convenable, et profitez de tous les moyens
« d'escorte, pour prévenir de nouvelles désertions parmi ces déta-
« chements. Enfin, informez-moi de leur départ et de leur destina-
« tion.

« *Maréchal* DAVOUST. »

Dans la journée du **26**, le maréchal Grouchy après avoir reçu du général Vandamme la dépêche la plus satisfaisante (140), et pourvu activement à l'exécution de tous les ordres du maréchal Davoust, lui écrivit :

« N° 141. — Soissons, le 26 juin 1815, 5 heures du soir.

« *Maréchal Grouchy au Maréchal Davoust.*

« Monsieur le Maréchal.

« A. — J'ai reçu vos dépêches du 25 juin à minuit et du 26 à deux
« heures et demie du matin.

« B. — La désorganisation de l'armée qu'on cherche a reformer ici
« est toujours bien affligeante. Quelques ordres que je donne, quel-
« ques mesures que je prenne, on ne peut retenir le soldat, qui en
« quittant son drapeau se livre aux plus coupables excès.

« C. — La garde impériale continue, travaillée par des agitateurs
« qui cherchent à lui persuader, qu'elle peut encore être utile aux in-
« térêts de Napoléon, en se rendant à Paris, à quitter ses rangs et à
« se diriger vers cette ville.

« D. — J'ai peu de moyens coercitifs pour m'opposer à ce torrent,
« il n'y a plus au quartier-général d'officier général de gendarmerie ;
« veuillez y en envoyer ainsi que des gendarmes.

« E. — J'ai publié une proclamation à l'armée et un ordre du jour,
« et des exemples auront lieu aussitôt que possible ; mais je dois in-
« viter le Gouvernement à donner des ordres sévères aux sous-
« préfets et aux maires, sur tous les points, sur mes derrières, pour
« qu'ils fassent arrêter les fuyards.

« F. — Les troupes que je trouve à Soissons me paraissent peu en
« état de se battre, la cavalerie est moins désorganisée que l'infante-
« rie, et on pourra encore en tirer parti. Mais il ne faut pas songer à
« livrer bataille avec des troupes aussi terrorifiées ; ceux qui parle-
« raient un autre langage au Gouvernement, ne se chargeraient pas,
« j'en suis sûr, de les mener au combat.

« G — La position de l'armée est celle-ci : la division de cavalerie
« légère du général Jacquinot est établie aux faubourgs de Laon ; les

« troupes de la garde, infanterie et cavalerie, entre Soissons et Laon,
« le corps de cavalerie du général Exelmans a ordre de prendre posi-
« tion à Craonne, Corbeny, et de se prolonger vers l'Ange Gardien ;
« le corps de cavalerie du général Pajol est en arrière de Coucy ; le
« corps aux ordres du général Reille est sous Soissons, moins le corps
« du comte d'Erlon qui est en marche sur Compiègne.

« H. — L'infanterie de l'aile droite commencera à arriver demain.

« K. — Je pense bien comme le général Haxo, que la ligne de
« l'Aisne qui est guéable en plusieurs endroits est mauvaise. D'ailleurs
« il est trop tard pour aller occuper les positions qu'il indique, en
« les prenant maintenant on s'exposerait à recevoir une bataille,
« qu'on n'est pas en état de livrer en ce moment.

« L. — L'ennemi manœuvre, et parait faire par sa droite un mou-
« vement sur notre gauche pour arriver sur l'Oise.

« M. — J'ai donc envoyé ce matin ainsi qu'on l'a marqué, le comte
« d'Erlon sur Compiègne avec son corps, et ceux des généraux Keller·
« man et Milhaud à Senlis. — J'ai pensé qu'il conviendrait de laisser
« au comte d'Erlon le commandement du 1er corps, bien qu'il doive
« être réuni plus tard à celui du général Reille ; c'est utiliser un offi-
« cier général distingué, et qui aura plus d'influence pour retenir les
« soldats dont il est connu, que n'en aurait le général Reille.

« N. — Demain, je ferai filer le restant du corps du général Reille,
« dans la direction de Compiègne. J'eusse préféré envoyer de ce côté
« de meilleures troupes, mais l'urgence de faire occuper cette ville et
« les bords de l'Oise, et la nécessité de ne pas mettre les troupes de
« l'aile droite en contact avec celles-ci, m'ont forcé à prendre cette
« mesure,

« O. — L'ennemi qui est aux portes de Laon, a coupé les commu-
« nications avec La Fère, et a attaqué ce matin une des 'divisions de
« cavalerie légère du général Pajol, il s'est retiré après avoir vu qui
« elle était.

« P. — Je ne dois pas vous taire, que le depart du duc de Dalmatie
« a tout à fait désorganisé la partie bureaucratique de l'état-major de
« l'armée, et elle s'est rendue à Paris s'y disant autorisée par le Ma-
« réchal.

« Q. — On ne se fait pas d'idée d'un découragement et d'un aban-
« don aussi complet, que celui dans lequel la chose publique est

« laissée par tous les généraux et par nombre d'officiers de l'armée,
« c'est également scandaleux et affligeant.

« R. — Je vous prie de faire arrêter à Paris ceux qui donnent un
« si lamentable exemple.

« S. — Envoyez-moi, je vous prie, le général Guilleminot, et qu'il
« amène des officiers d'état-major dont on manque.

« Maréchal GROUCHY. »

Dans cette série de pièces, le témoignage des auteurs même des faits accomplis, démontre incontestablement : que le plan d'opérations militaires par eux adopté à partir du 22, n'a pas été celui que d'après les actes officiels l'opinion générale croyait être en cours d'exécution ; c'est-à-dire, n'a pas été une marche directe et rapide de l'armée vers Paris.

Les rapports adressés les 20 et 21 juin, sur une situation qui paraissait alors désastreuse, et surtout en raison des incertitudes sur le sort de l'aîle droite, expliquent suffisamment l'ordre de reporter sa marche, de la direction de Laon sur celle de Reims. L'amélioration de cet état de choses par le retour presque glorieux de l'aîle droite, explique non moins bien, l'ordre de la reporter de Reims à Soissons.

Le maréchal Davoust a eu l'initiative, d'une pensée aussi belle au point de vue patriotique qu'au point de vue militaire, si ses ordres ont eu pour but :—d'interdire à l'ennemi tous les passages de l'Oise, et paralyser son action jusqu'à l'arrivée de la coalition entière ; de couvrir la capitale à 20 lieues de distance, contre le double danger de la guerre civile, éclatant au milieu d'elle avec l'invasion de la guerre étrangère ; de conserver la question intacte, pour en remettre la solution aux pouvoirs politiques. Sur un seul mot de lui cette pensée a été comprise par le maréchal Soult, qui en a développé le plan dans sa lettre du 26 (299 D.); et non moins bien comprise par le maréchal Grouchy, qui a noblement accepté la responsabilité fatale de l'exécution (137—141.) — Mais l'un et l'autre des deux derniers, a énergiquement protesté de l'impossibilité du succès, si de son côté le maréchal Davoust n'envoyait pas de Paris, les renforts indispensables pour la défense de Compiègne et du Cours de l'Oise.

Tous les faits démontrent, que si ces renforts eussent été envoyés le succès était assuré ; et si d'autres faits jusqu'ici ignorés ne viennent pas prouver, que le maréchal Davoust a été dans l'impossibilité, d'acquitter sa dette personnelle envers la mesure qu'il avait ordonnée ; alors sa mémoire reste grevée par le fait de cette inertie, d'une responsabilité bien autrement grave, que celle de l'absence du maréchal Grouchy à Waterloo !

L'incohérence qui dans les opérations militaires, a nécessairement résulté de l'incohérence de leur direction suprême, a été dans toute l'armée manifeste aux yeux du plus simple voyant, trop imputée aux faits secondaires, et le découragement, les défiances, les irritations, en ont été trop autorisées.—Le maréchal Davoust riche de son passé n'a point, il est vrai, subi les premières atteintes de ces sentiments éxagérés ; mais les plaintes du présent ne sont jamais qu'un appel à la justice de l'avenir.

CHAPITRE III.

27 juin.

Lorsque dans la journée du 26, le maréchal Grouchy alors à Soissons dirigeait l'armée vers Compiègne et l'Oise inférieure, conformément aux ordres personnels du maréchal Davoust, celui-ci dirigeait à Paris la question politique par des voies non moins personnelles. — Dans une conférence avec M. de Vitrolles principal agent royaliste, il arrêtait le 26 au soir les conditions d'une conciliation avec le pouvoir royal, et par suite le général Tromelin était envoyé comme agent commun vers le maréchal Grouchy. Ce Général né baron de Tromelin, ancien émigré, soldat de l'armée des Princes et de Quiberon, avait été soldat des armées ennemies jusqu'à 1805, époque ou fait prisonnier par la notre il réussit à y être incorporé. Devenu par son mérite général de brigade en 1813 sous Leipzig, il avait à Waterloo un commandement de ce grade dans le corps du comte de Lobau. Par sa position officielle dans l'armée du Nord, par ses précédents acquis près de l'étranger, et par la loyauté de son caractère personnel, ce Général pouvait-être un intermédiaire précieux à beaucoup de titres. Mais dans de telles circonstances, le choix même du négociateur, déjà signalé comme ayant quitté l'armée sans autorisation le 22 sous Laon (261. A,) a eu nécessairement une signification, que le témoignage du maréchal Grouchy peut confirmer. « *Des ouvertures m'ont été* « *faites à Soissons, pour faire prendre aux troupes la* « *couleur blanche. J'ai répondu que la disposition des* « *esprits ne permettait pas de supposer, que le chef de* « *l'armée put lui faire quitter les couleurs nationales.* » — D'après la nature de cette mission, il serait difficile de croire qu'elle n'ait pas été continuée vers le centre royaliste, et comme négociation secrète, sans quoi elle eut été sans objet. Il serait même difficile de trouver dans le cours de ces événements, une autre occasion où le maréchal Grouchy eut pu acquérir aussi formellement le droit de dire bientôt après « *mon abandon du commande-* « *ment a été un mobile de l'état actuel des choses. J'ai* « *fait tout ce qu'il était en mon pouvoir de faire,* « *pour que l'autorité royale fût reconnue de l'armée,* « *en lui faisant envisager, que le salut de la France se* « *trouvait dépendre maintenant du retour de Sa Ma-* « *jesté ; Messieurs Fouché, de Vitrolles, Oudinot, ont* « *connaissance de ces faits, et les déclareront s'ils sont* « *interpellés à cet égard.* »

Pour mettre la situation politique à hauteur avec la situation militaire, quelques autres citations sont encore utiles. — Le maréchal Soult écrivait à l'Empereur le 22 juin :

« Nᵒ 261.

« Sire,

« A. — J'ai prié M. le lieutenant-général Dejean de se rendre im-

« médiatement près de Votre Majesté, pour l'instruire de la fermenta-
« tion qui règne à l'armée, surtout parmi les chefs et les généraux ;
« elle est telle qu'un éclat semble prochain, et l'on ne se dissimule
« plus les projets anarchiques qu'on a conçus. Le général Piré me
« disait aujourd'hui, qu'avant 15 jours, le Gouvernement serait
« changé ; cette opinion paraît générale, et je suis persuadé que sur
« vingt généraux, il y en a dix-huit qui la partagent.

« D. — Il y a peut être de l'exagération dans tout cela, mais il n'en
« est pas moins vrai qu'il y a une très-grande agitation dans l'armée,
« et que jamais les esprits n'ont été plus mal disposés. Le nom de
« d'Orléans est dans la bouche de la plupart des généraux et des
« chefs.

« Maréchal SOULT. »

En livrant cette lettre à la publicité en 1840, le maréchal Grouchy écrivait à l'auteur du présent travail :

« *Elle a cela de curieux, c'est de m'avoir mis à même de donner*
« *un extrait de la dépêche du maréchal Soult à l'Empereur , qui*
« *prouve combien ont été générales dans l'armée en 1815, les ma-*
« *nœuvres de ceux qui voulaient alors supplanter la dynastie napo-*
« *léonienne par les Bourbons de la branche d'Orléans. Elle explique*
« *aussi pourquoi Louis-Philippe a mis tant de résistance à me*
« *rendre mon bâton de maréchal, et qu'il ne l'eut jamais fait, si*
» *je n'eusse réussi à l'y forcer à l'aide des Chambres ; et com-*
« *bien ont été et sont encore profondes ses antipathies pour moi,*
« *qu'il déguise cependant sous des formes bienveillantes. (201, A,*
« *80, 84).*

En signant son abdication le 22, l'Empereur avait dit au
marechal Davoust : « *Je ne m'y trompe pas, c'est en fa-*
« *veur des Bourbons que j'abdique,* » et si dans la
longue correspondance militaire de ce maréchal, il serait
impossible de trouver un mot tendant au maintien de la
dynastie impériale, il serait facile d'y trouver des expressions parfaitement négatives. (120 E.) — Ainsi l'état d'indécision de ses résolutions politiques, se démontre par

l'indécision de ses resolutions militaires du 22 au 26 au soir ; puis à partir de ce moment toute hésitation cesse, toute mesure tend secrètement à la restauration, et lui même se déclarait prêt à la proposer aux chambres, tandis que le 27 au soir le Gouvernement instituait la commission civile d'armistice, — à la vérité, mieux que qui que ce fut alors, il pouvait apprécier les conséquences de l'insuccès très complet de toutes les mesures qu'il avait prescrites à l'armée. — Il savait : que le malheureux corps du général d'Erlon, ayant à peine 4,600 hommes d'infanterie, 1,400 chevaux, et une artillerie presque nulle (168 A), avait trouvé dans Compiègne les prussiens et le drapeau blanc. (158 A. — 163) ; que ce corps et celui du général Reille qui le précédait vers Paris, n'avaient même pu trouver un refuge dans Senlis (175 186) ; et que la cavalerie se repliant devant l'ennemi, serrait sur l'infanterie dans la direction de Paris. (175). — D'après la déclaration formelle du maréchal Grouchy, il devait croire, que l'infanterie de l'aîle droite ne pouvait arriver à Soissons que le 28 au soir, (37 B.—299 G.) ; et par conséquent il ne pouvait avoir d'autre opinion, que celle d'après laquelle le maréchal Blucher agissait dans le moment même de son côté. C'est-à-dire : croire que l'ennemi était en mesure de couper notre ligne de marche (171). S'interposer entre nos deux aîles, et isoler la droite à longue distance de la gauche, et de la direction de Paris. (Gros livre 617). — Ouvrant enfin les yeux sur ce triste état de choses, il écrivit au maréchal Grouchy :

« N° 153. — Paris, 27 juin 1815, 5 heures du matin.

« Monsieur le Maréchal,

« A. — J'apprends à l'instant que l'ennemi était hier dans l'après-

« midi, entre Compiègne et Noyon. Le duc de Dalmatie que j'ai vu
« ce soir, m'a dit avoir dirigé sur Compiègne de l'artillerie et de la
« cavalerie. Il est à craindre que ces troupes n'aient été envoyées trop
« tard. C'est une très-grande faute de n'avoir pas fait occuper en
« force Compiègne, en se retirant même de Laon ; surtout lorsque l'on
« a eu connaissance que l'ennemi avait pris la route de Saint-Quentin.

« B. — Je sais, Monsieur le Maréchal, que cela vous est étranger ;
« Mais il est instant de réparer le mal et d'empêcher l'ennemi de se
« mettre entre vous et Paris. Ainsi à la réception de ma lettre, vous
« donnerez des ordres, pour arriver à Paris à marches forcées et
« sans confusion, tout le brave corps que vous avez ramené , et
« toutes les autres troupes. Dans le cas ou l'ennemi serait à Com-
« piègne, il faut diriger ce que vous avez de plus solide sur Senlis et
« Crespy pour couvrir votre mouvement.

« G. — Vous sentez, Monsieur le Maréchal, combien il est néces-
« saire que toute l'armée se rallie dans les retranchements de Paris ;
« au moins les Chambres et le Gouvernement auront le moyen de
« traiter, et d'obtenir des conditions telles que l'on puisse empêcher
« les alliés d'entrer dans Paris.

« E. — ...... Tous ces événements doivent être décidés en peu de
« jours, — vous ferez annoncer officiellement à Senlis, qu'il arrivera
« de Paris une colonne de 6,000 hommes dont 1,500 de cavalerie et
« 36 bouches à feu.

« Maréchal DAVOUST. »

Il est presque superflu de faire remarquer combien la
situation des choses eût été différente, si cette colonne
eût été envoyée à Compiègne deux jours avant, et combien est inconcevable la censure du maréchal Davoust à
ce sujet. (153 A) Toujours est-il, que sans avoir attendu
la réception de cette dépêche, par laquelle ce Maréchal
décline la responsabilité de ses propres actes, le maréchal
Grouchy et tous ses généraux avaient pourvu à la re-

prise de la marche directe sur Paris ; et sans recourir au témoignage de nombre de pièces, celui du général Vandamme suffira, pour constater une activité dont l'honneur appartient à toute l'armée, chefs et soldats.

« Nᵒ 176. — Soissons, 27 juin.

« *Général Vandamme au Maréchal Grouchy.*

« Monsieur le Maréchal,

« B. — ...... L'ennemi ne peut être fort partout, si Votre Excellence
« presse son mouvement sur Paris par la route qu'elle m'a tracée ,
« nous arriverons peut être à temps ; si surtout ce qui est en avant
« de moi marche avec la même célérité et le même ordre que je
« promets d'y apporter. Il faut pouvoir combattre en arrivant , et
« nous pourrons obtenir des succès qui sauveront la patrie d'une honte
« éternelle. »

« *Général* VANDAMME. »

» Nᵒ 177. — Soissons, 27 juin.

« *Le même au même.*

« Monsieur le Maréchal,

« A. — J'ai l'honneur de vous prier de presser le mouvement de
« tous les autres corps sur Paris ; je promets à Votre Excellence de
« hâter le mien, et de tenir toujours mon corps d'armée prêt à com-
« battre, ainsi que vous me l'ordonnez. Vous pouvez compter sur
« moi, et autant que je puis le croire sur les 7 divisions que je com-
« mande.

« B — Poussez et voyez les autres troupes, les chefs eux-mêmes
« ont besoin que Votre Excellence les stimule.

« C. — Les ordres de marcher demain à 2 heures, sont donnés à
« toutes les divisions, hors à celle que le général Vichery commande
« directement, et que Votre Excellence a dirigée sur Villers-Coterets.

« D. — Le commandant de la place de Reims a tous les ordres né-
« cessaires pour sa défense. Le 5ᵐᵉ corps n'y a plus rien.

« E. — Le 6ᵐᵉ de hussards est rallié à la division que commande
« le général Valin.

« F. — L'ennemi ne nous poursuit nulle part.

« G. — Le bataillon de 500 hommes va partir pour le poste impor_
« tant de Château-Thierry ; le commandant qui est un brave et intel-
« ligent officier a ses instructions. J'ai déjà vu le commandant supé-
« rieur de Soissons ; je ferai visiter la place par le général du génie
« et celui de l'artillerie du 5ᵐᵉ corps. Je la parcourrai moi-même ; je
« laisserai au commandant toutes les instructions nécessaires pour sa
« défense. Je ne négligerai rien , Monsieur le Maréchal, pour être
« utile à mon pays, et plus le danger deviendra grand, plus vous me
« trouverez dévoué à tout sacrifier à la patrie.

« Je rappelle à Votre Excellence qu'elle m'a promis des nouvelles
« de Compiègne.

« *Général* VANDAMME. »

Cette belle lettre prouve bien formellement , que le
Général qui commandait la partie la plus importante de
l'armée, ignorait encore à son arrivée à Soissons le 27 à
deux heures après-midi au plus tôt, que le maréchal
Grouchy avait reçu et accepté la veille à huit heures du
matin, l'ordre formel de *différer le mouvement vers
Paris.*

Tel était l'état des choses, lorsque sur la demande des
plénipotentiaires, un grand conseil de gouvernement ins-
titua le 27 au soir, une commission officiellement char-
gée de se rendre près des Généraux ennemis pour négocier un armistice ; et lorsque l'essence des instructions
qui lui furent données se résuma, à stipuler que l'ennemi
s'arrêterait à 30 ou au moins 20 lieues de Paris. ! Comment comprendre que le Ministre de la guerre membre

tout principal de ce conseil, n'ait pas alors fait connaître d'après les documents à lui acquis dès trois heures du matin (153), et nécessairement augmentés dans la journée : que l'ennemi devait avoir à cette heure même atteint sinon dépassé Senlis ?

CHAPITRE IV.

28 juin.

Tous les efforts aussi hasardés qu'infructueux qui venaient d'être dirigés vers Compiègne, Senlis et le cours de l'Oise, ayant mis à découvert le centre de notre armée, l'ennemi déboucha de Compiègne en trois colonnes dans la nuit du 27 au 28 juin (139) ; il dirigea les deux premières contre les troupes qui se trouvaient sur la ligne de Compiègne, Senlis et Paris ; et lança la troisième sur Villers-Coterets , pour couper à l'aîle droite la ligne de marche de Soissons à Paris. Cette manœuvre qui coûta à notre armée 18 pièces de canon (187 D) , eût été pour l'ennemi un succès définitif, si comme le maréchal Grouchy l'avait écrit au maréchal Davoust (137 B). *L'aîle droite n'eut pu arriver à Soissons que dans trois jours à partir du 26 au matin.* Mais grâce à l'ardeur du chef et des troupes, au lieu d'y arriver au plus tôt le 28 au soir, elle avait achevé d'y prendre position le 27 à deux heures après-midi. (158 D.—169 A. — 170). — Ainsi le général

Vandamme averti très tard par le maréchal Grouchy de l'insuccès des tentatives sur Compiègne, s'était rapidement rapproché de Villers-Cotterets, avait refoulé sur sa droite la colonne prussienne, et continué sa marche vers Paris par la Ferté-Milon et Meaux (121). — Il est très-vrai que sans ce secours de la Providence, l'aîle droite seule force réelle contre l'ennemi, *se fût trouvée isolée du reste de l'armée, écartée de Paris*, et placée dans ces funestes conditions, que le prétendu historien du maréchal Davoust appelle « RENOUVELLEMENT DE LA HONTE DE 1814. » (Gros livre 617). Honte qui serait restée bien amoindrie aux yeux de l'histoire, car la capitulation de Paris eût été dès lors un fait accompli, dont la responsabilité resterait imputable aux chances de la guerre, et non pas à la volonté libre des tuteurs de la nation !

A partir de Villers-Coterets, la colonne prussienne interposée entre nos deux aîles, est elle-même séparée du gros de son armée par toute l'épaisseur de notre aîle gauche (182 D) ; et celle-ci rejetée un peu en dehors de la ligne de Senlis à Paris, se retrouve à même distance de la droite, comme aussi toujours en avance sur l'ennemi vers la capitale (186). En ce moment décisif le danger personnel suppléant pour chacun à l'absence de direction centrale, les deux armées entremêlées par divisions et souvent par pelotons, sont entraînées simultanément dans une course au clocher dont Paris est le but. Mais le revers le plus apparent que réel de Villers-Coterets, a rétabli l'unité d'action par l'autorité du danger ; une marche prodigieuse du corps de Reille, couvert par celui de d'Erlon et presque toute la cavalerie, porte le 28 nos têtes de colonne au Bourget, à hauteur des avant-gardes du maréchal Blucher ; et l'occupation des positions de la rive droite de la Seine, reste la seule opération militaire, susceptible d'être modifiée par les chances du lendemain.

Tous ces événements parfaitement à découvert pour l'unanimité de l'armée, étant venus justifier les défiances et les irritations des soldats eux-mêmes, il est naturel d'admettre que celles des chefs moins mal informés, se soient sévèrement portées vers la situation politique (185). On a déjà vu combien avaient été peu cordiales les relations du chef avec les généraux Vandamme et Exelmans. Jusqu'au 25 juin inclusivement, un ordre de mouvement général avait été chaque jour adressé à tous les chefs de corps, de manière à ce que chacun put apprécier l'ensemble des opérations de l'armée ; à partir de ce jour la mesure est supprimée, et pour les quatre jours suivants, les ordres sont simplement individuels. L'échec de Villers-Coterets étant intervenu, il eût été essentiel que des explications résultant de pièces officielles, eussent coupé cours aux propos odieux qui ont alors agité l'armée ; et cependant, alors et jusqu'ici elles ont entièrement fait défaut. En 1840 le général Berthezène trouvait dans ce fait militaire, le principal grief de son accusation contre le maréchal Grouchy, dans son libelle du 27 mai. A la veille de souscrire une honteuse palinodie, ce général refusait encore de donner main levée de ce chef d'accusation, lorsque vers le 15 novembre il reçut du maréchal Grouchy une note ainsi concue :

« Une pareille incrimination implique celle de lâcheté. Elle est « démentie par vingt lettres et ordres donnés aux généraux Van-

« *damme, Ex.... et autres écrits de ma main ou de celle du général*
« *Le Sénécal, qui sont imprimées et au moment d'être livrées à la*
« *publicité.* Le général B... ne peut donc se refuser à reconnaître qu'il
« a été injuste envers moi, et à désavouer le paragraphe commençant
« par ces mots : LE MARÉCHAL GROUCHY EST ATTAQUÉ A VILLERS-
« COTERETS, ETC.

Or de ces vingt lettres ou ordres deux seuls figurent au
recueil. Ce sont l'ordre pur et simple donné le 28 à quatre
heures du matin, au général Vandame de marcher par la
Ferté-Milon (183) ; et la déclaration du porteur de cet
ordre (194). Ainsi entre deux adversaires si violemment
exaspérés l'un contre l'autre, si hautement engagés envers
l'opinion publique ; l'un se rétracte sans preuves, et l'autre
tout en prétendant en posséder, décline une justification
tellement provoquée. Le fait des scellés si étrangement
apposés sur la source des vérités, doit peut-être encore
aujourd'hui quelque chose à l'histoire.

On n'a pas perdu de vue l'institution faite authentique-
ment le 27 au soir de la commission spéciale d'armistice.
Les commissaires n'avaient point encore quitté Paris dans
la nuit, puisque le rapport fait aux Chambres le 4 juillet,
constate que ce n'est qu'à midi qu'ils ont atteint les avant-
postes Prussiens à Senlis, à 11 lieues de Paris — Or le
28 à une heure du matin le duc d'Otrante leur écrivait
la lettre suivante :

« Nᵒ 180.

« Messieurs,

« D'après les nouvelles que me communique M. le ministre de la
« guerre, il paraît que l'ennemi s'avance à marches forcées sur Paris

« et que rien ne lui résiste. Je vous invite à conclure sur-le-champ
« un armistice avec le M. le maréchal prince Blucher. Il vaut mieux
« sacrifier quelques places s'il est nécessaire que de sacrifier Paris.
« Vous rendrez compte au Gouvernement de ce que vous aurez pu faire
« à cet égard.

« Duc D'OTRANTE. »

« Nº 179. — Monsieur Laloy se rendra sur-le-champ au quartier-
« général de M. le maréchal Grouchy, pour lui remettre la lettre ci-
« jointe de M. le président de la Commission de Gouvernement, qui
« doit être transmise sur-le-champ à MM. les plénipotentiaires. Il
« s'informera de la route que MM. les plénipotentiaires auront prise,
« et s'ils ne s'étaient pas dirigés par le quartier-général de M. le
« maréchal Grouchy, il suivra la même route qu'eux pour tâcher de
« les rejoindre, et leur remettre la lettre dont il est porteur.

« Paris, le 28 juin, 5 heures du matin.

« Le ministre de la guerre,

« Prince D'ECKMULH. »

La lettre du duc d'Otrante était adressée aux plénipotentiaires et non pas au maréchal Grouchy ; lui en donner
communication par un duplicata, et confier l'exécution
de toute cette mesure au ministre de la guerre, était aussi
rationnel que la réalité de l'éxécution l'a été peu. — En
effet : le ministre de la guerre ne pouvait ignorer la position
respective des chefs des deux armées, et l'espace qui les
séparait ; il ne pouvait méconnaître que la route directe
des Commissaires était celle de Senlis. Il ne devait en
aucun cas prescrire un aussi long détour pour une dépêche déclarée urgente, et faire ainsi dépendre la remise
des éventualités de la rencontre. Mais bien plus encore
ont eût trouvé les Commissaires à Paris dans leur lit, ou

en cas de départ appris leur itinéraire, chez eux, à la poste, ou aux barrières.

Il est donc rendu de toute évidence par les écrits et par les faits : que dans l'esprit du maréchal Davoust, ce n'était pas par les Commissaires *officiellementinstitués,* mais bien par le maréchal Grouchy que la mesure devait recevoir son exécution ; et nécessairement pour faire suite à la négociation, qui par l'intermédiaire du général Tromelin, avait été entreprise à Soissons la veille, près du chef de l'armée.

La dépêche fut remise au maréchal Grouchy sur la route de Villers-Coterets à Dammartin où il arriva à onze heures (184 — 202 I). Après avoir réexpédié le porteur vers Senlis, il jugea convenable de se mettre en rapports directs avec le Général Prussien, et sans doute en raison des ouvertures faites par le général Tromelin, comme en raison de l'échec qu'il venait de subir à Villers-Coterets. Il pria le général Drouot d'écrire la dépêche, la signa, et chargea le général Le Sénécal, son chef d'état-major, de la porter au quartier général ennemi, supposé être à Senlis (189). Le Maréchal arriva ensuite à Dammartin où il manqua être pris, comme il avait manqué quelques heures avant de l'être à Villers-Cotterets (202. — Q — T).

« N° 184. — Dammartin, le 28 juin, à 11 heures du matin.

« *Maréchal Grouchy au général Reille.*

« J'arrive ici, mon cher général, et reçois votre billet, puisque
« l'ennemi est à Louvres, je ne suis plus en mesure d'arriver à Go.
« nesse ce soir comme je le projetais, d'ici je vais me porter sur
« Claye.

« Avec ce que vous pourrez ramasser de votre corps, portez-vous
« au Vert-Galant, d'où vous vous mettrez en communication avec
« moi qui serai à Claye. Exécutez de suite le présent ordre, et recevez
« l'assurance, etc.

« *Le Maréchal* GROUCHY. »

« *P. S.* — J'ai écrit au général de Lort de faire l'arrière-garde du
« général Reille, et de prendre position au Bourget, s'il n'est pas
« suivi, et s'il est suivi de se rapprocher de Paris.

« *Le maréchal* GROUCHY. »

Arrivé ensuite à Claye, le maréchal y ayant établi son
quartier-général, reçut et expédia les dépêches suivantes :

« N° 182. — Claye, le 28 juin 1815.

« *Maréchal Grouchy au maréchal Davoust.*

« Monsieur le Maréchal,

« Le lieutenant-général Morand se rend près de Votre Excellence,
« pour lui donner connaissance de ma position, et des motifs qui
« m'ont déterminé à me porter sur Claye.

« J'espère que le général Vandamme arrivera cette nuit à Meaux :
« il sera suivi de la troisième division de cavalerie légère, et des 1er
« et 2me corps Pajol et Exelmans.

« J'attends les ordres de Votre Excellence, en la prévenant que
« comme je viens de faire une marche de 15 lieues, il est impossible
« que je me mette en marche avant minuit.

« Votre Excellence doit avoir eu des nouvelles du général Reille,
« dont je suis séparé par l'ennemi, il est sans doute maintenant sur
« Paris.

« *Maréchal* GROUCHY. »

« N° 183. — Le 28 juin 1815, à 8 heures du soir.

« *Le général Pajol au maréchal Grouchy.* »

« Monseigneur,

« L'ennemi est trop près, et le poste de Curcy est trop en vue pour

« que je puisse le retirer avant la nuit sans compromettre infanterie
« et cavalerie. Je ne ferai donc mon mouvement qu'à 9 heures, et ne
« serai rendu à Danivet ou je vous prie de m'adresser vos ordres, qu'à
« une heure du matin.

« D'après les renseignements et les rapports des paysans, il paraît
« que l'ennemi ne porte en avant que toute sa cavalerie, et qu'il marche
» avec beaucoup de précaution, il craint l'aile droite de l'armée du
« Nord, et je crois qu'il ne déploiera son flanc, que quand il sera
« bien appuyé.

« La garde désorganise tout ce qui la rencontre. Le général Subervic
« m'écrit, que le 11me de chasseurs et le 2me de dragons se sont per-
« vertis avec elle, et qu'il a eu beaucoup de peine à les retenir.

« L'indiscipline est à son comble, et si l'on ne sévit pas vigoureu-
« sement contre tous ces chenapans, ils nous perdront. Je vais mettre
« en vigueur votre arrêté, et je fais fusiller le premier contrevenant.
« La garde nous compromettra et ne se battra plus. Il est étonnant
« combien les officiers et les soldats se permettent des propos inconve-
« nants.

« La division Piré est passée.

« Le lieutenant-général PAJOL. »

« N° 486. — Le Mesnil, 28 juin 1815.

« Le général comte d'Erlon au maréchal Grouchy.

« Monsieur le Maréchal,

« J'ai déjà eu l'honneur de faire dire à Votre Excellence, par l'offi-
« cier d'état-major qu'elle m'a envoyé ce matin, que je n'ai pu m'é-
« tablir hier soir à Senlis. Lorsque le général Kellerman y est arrivé,
« il y a trouvé l'ennemi. Il s'en est suivi une échauffourée qui m'a
« obligé de venir me rallier à Borrest. Les troupes étaient excédées
« de fatigue, et je n'ai pu y arriver qu'à une heure du matin. Plu-
« sieurs régiments de cavalerie ayant pris différentes directions, je
« n'ai pu réunir qu'environ 600 chevaux du comte de Valmy. Je me
« suis mis en marche après 5 heures de repos, ayant l'intention de me
« porter sur Louvres, mais l'ennemi ayant marché sur la grande route
« était déjà arrivé sur ce point avant moi; j'ai du me rejeter sur le
« Mesnil ou je viens d'arriver.

« La plus grande partie des soldats du train ayant déserté, mon
« artillerie me devient tout à fait inutile, puisque je manque de bras
« pour conduire les chevaux, en conséquence je la fais partir pour
« Claye avec quelqu'infanterie. Les chevaux pourront s'y reposer ce
« soir et partir demain pour Paris.

« Je vais me remettre en marche pour me porter à la Patte-d'Oie
« avec le peu de troupes qui me restent. Comme je ne puis nulle-
« ment compter sur elles, si l'ennemi occupait déjà ce point, je pas-
« serais par Tremblay pour regagner la route de Bourget.

« *Comte* D'ERLON. »

« N° 187. — Claye, le 28 juin 1815.

« *Le maréchal Grouchy au maréchal Davoust*

« Monsieur le Maréchal,

« A. — J'ai l'honneur de vous rendre compte que je suis à Claye,
« avec 4,000 hommes d'infanterie et 1,800 chevaux de la garde, la di-
« vision Jacquinot, la 2me division de cavalerie et deux des divisions
« du corps général Pajol. Le reste de ce corps a été battu à hauteur
« de Nanteuil et n'a pu me rejoindre. Le général Vandamme s'est re-
« ployé sur la Ferté-Milon, et ne sera certainement pas en mesure
« d'arriver demain à Paris.

« B. — Le comte d'Erlon est avec les débris de son corps à Bondy,
« ce corps ne se compose en infanterie et cavalerie que de 1,500
« hommes au plus.

« C. — Les troupes que j'ai avec moi et celles du comte d'Erlon,
« sont dans un état de démoralisation telle, qu'au premier coup de
« fusil qu'elles entendent elles se débandent.

« D. — Douze pièces de canon ont été prises en marche et six dans
« un engagement

« E. Il résulte de cet état de choses, que le Gouvernement ne peut
« compter pour la défense de Paris. que sur un très-futile corps n'ayant
« nullement la volonté de se battre, et complètement désorganisé.

« F.—Je crois de mon devoir de vous instruire à toute hâte de cette
« situation, afin que le Gouvernement ne se fasse pas illusion, sur

« ceux des moyens de défendre Paris, que je vais y conduire.

« G. — Je partirai à minuit pour m'y rendre, ayant l'ennemi sur
« mon flanc à Tremblay.

« H.—Je regrette vivement de ne pouvoir être rejoint par le général
« Vandamme, mais il ne saurait arriver que 24 heures après moi, en
« supposant même qu'il ne soit pas rejeté de l'autre côté de la Marne
« par l'ennemi qu'il a sur lui.

« Le maréchal Grouchy. »

Entraîné sans nul doute par les plus graves motifs, le
Maréchal quitta Claye sans faire connaître le but de son
voyage, et suivit de bien près cette lettre à Paris, où on
le retrouve sur la fin du jour près de Messieurs Davoust
et Fouché, avec lesquels personne ne peut mieux que
lui même décrire sa conférence.

« *A peine arrivé à Paris et avant même de me rendre chez moi,*
« *je suis allé au quartier général du ministre de la guerre maré-*
« *chal Davoust à la Villette, et je sortis de chez lui aussi étonné*
« *qu'indigné des sentiments dont je venais de le voir animé. Il n'y*
« *avait selon lui d'autre parti à prendre, que de faire arborer la*
« *cocarde blanche à l'armée, de traiter avec Louis XVIII, et je de-*
« *vais me charger de cette double mission.*

« *En croyant à peine mes oreilles, je courus chez le chef du gou-*
« *vernement provisoire Fouché. J'en fus encore plus mécontent que*
« *du ministre de la guerre.*

« *Uniquement occupé de mettre à exécution ses liberticides projets,*
« *il venait d'écrire au duc de Wellington, et de rédiger une procla-*
« *mation contre révolutionnaire.*

« *Après une conversation animée, il finit par me demander*
« *ainsi que l'avait fait le ministre de la guerre, de me rendre im-*
« *médiatement près du Roi et des généraux alliés, et de tout faire*
« *pour provoquer la clémence de l'un, et modérer la soif de sang e*

« *de vengeance, dont au mépris de la capitulation de Paris, les*
« *autres ne tardèrent pas à donner de déplorables preuves.*

« *Après avoir repoussé avec indignation de telles ouvertures, et*
« *l'avoir quitté, j'exprimai mon amer regret qu'une carrière poli-*
« *tique et militaire plus brillante, et de plus éclatants services, ne*
« *m'eussent pas acquis une influence telle, que j'eusse en quelque sorte*
« *le droit d'opérer une révolution gouvernementale, devenue néces-*
« *saire pour sauver la patrie ; et qui m'eût permis de livrer à la*
« *rigueur des lois, ces hommes qui traîtres à la France comme à*
« *Napoléon, sacrifiaient successivement l'un et l'autre, dans l'espoir*
« *de conserver l'immense fortune, et les positions élevées qu'ils leur*
« *devaient.* (202 — V. X. Y. Z.). »

Ces magnifiques mais très vaines indignations du maréchal Grouchy, eussent découlé de meilleure source, et en
terrain moins stérile, si elles eussent consisté : à pro-
tester de son impuissance absolue à remplir l'objet de la
mission proposée, non moins qu'à opérer un nouveau 18
brumaire, — et s'il eût adjuré les duumvirs, de donner
eux-mêmes suite à leurs projets déjà tellement avancés ;
de mettre enfin un terme à ce système de dissimulations
et défaillances personnelles, qui ont été le sinistre réel
comme la honte de ces lugubres journées. — Mais après
toutes les correspondances de l'armée, et surtout la
sienne ; après la lettre sinistre qu'il venait d'écrire au maréchal Davoust ; il y a trop d'audace à méconnaître, que le
découragement de ce dernier était autorisé ! — D'un autre
côté : lorsque dès le 25 le maréchal Davoust avait posé
ce principe : « *Napoléon I*er *a abdiqué, et désormais il*
« *ne peut plus être rien pour nous, et pour tout homme*
« *d'honneur fidèle à sa patrie... Il n'est plus rien pour*
« *la France.* » Lorsque dès la veille il avait envoyé proposer de faire arborer la couleur blanche à l'armée ; c'é-

tait être conséquent avec lui même, que de déclarer nécessaire de traiter avec Louis XVIII ; car traiter avec un
souverain, était plus noble que de capituler avec *l'ennemi*. — Mais c'était une insigne erreur comme une insigne faiblesse, de prétendre mettre une aussi grande dé-
termination, sous la responsabilité d'un chef improvisé ;
malheureux dans les armes, plus malheureux encore dans
l'opinion de l'armée ! — Tout le prestige moral du défenseur de Hambourg ; toute l'autorité officielle du prince
ministre de la guerre et généralissime, n'eussent pas été
de trop , pour résoudre cette triple question : de paix,
monarchie et dynastie.

CHAPITRE V.

29 juin.

Le 29 juin plus que jamais, la neutralité observée par
un grand nombre des maréchaux dans les événements des
Cent-Jours avait une grave signification. L'un d'eux, le maréchal Oudinot dont la loyauté n'a été mise en question ni
avant ni après, était déjà devenu intermédiaire entre le maréchal Davoust et M. de Vitrolles. Sur la demande du duc
d'Otrante, le maréchal Oudinot conduisit lui-même M.
de Vitrolles le 29 au matin, au quartier-général du maréchal Davoust à La Villette ; et là un projet de lettre fut

rédigé pour utiliser la bonne volonté du maréchal Grouchy alors présent au quartier-général, et le charger de se rendre en personne avec M. de Vitrolles près du maréchal Blucher. — Une députation de la chambre des députés étant survenue, une scène violente éclata, et le maréchal Grouchy partit subitement pour se rendre à Claye au milieu de son armée. — Toutefois la résolution ne fut pas entièrement abandonnée, la minute de la lettre fut modifiée, couverte de ratures, et le nom du maréchal Grouchy effacé. Mais deux ordres étant collectivement compris dans la même rédaction ; l'un pour le maréchal Grouchy de se rendre près du maréchal Blucher, l'autre pour le comte de Valmy de se rendre près du duc de Wellington ; le premier seul fut effacé, et une mise au net de la minute en ce qui concerne le second, prouve qu'il fut expédié. (*Archives de la guerre*).

Prétendre que l'on eût du livrer bataille dans Paris, ou même sous les murs de Paris contre les forces réunies de la coalition, serait une pensée impie qu'aucun esprit sérieux n'a jamais admise. Mais prétendre que Paris devait être mis à l'abri d'un coup de main, et que la question militaire et la la question politique devaient être réservées, jusqu'à l'arrivée des souverains et de leurs armées, est une toute autre chose. — Or la partie de son armée que le maréchal Blucher avait témérairement aventurée près de Paris, n'était qu'une moitié de l'armée anglo-prussienne ; et le duc de Wellington, chef supérieur de cette armée, tenant ses propres troupes en arrière à longue distance, protestait ainsi matériellement, comme il protesta bientôt après officiellement, contre toute entreprise sur Paris. La menace des troupes prussiennes n'était donc en réalité que celle d'un coup de main ; et si le ministre généralissime eut fait occuper fortement Aubervilliers et Saint-Denis, par une partie des troupes et du matériel qu'il avait à Paris, la rive droite de la Seine eut été toute entière interdite à l'ennemi, qui n'eut pu faire autre chose, qu'attendre l'arme au bras l'arrivée des troupes de la coalition.

Mais cet horizon si noir le 28 au soir, s'éclaircit promptement le 29, pour ceux dont l'œil savait l'embrasser, — Cette prétendue débandade des soldats, n'ayant été que la conséquence de défiances trop autorisées, tous se ralliaient à leur drapeau sous Paris avec recrudescence de dévouement , et l'insubordination de ceux qui etaient près d'y arriver, n'était qu'un témoignage de leur fanatisme de résistance à l'ennemi. Ainsi, malgré les prévisions contraires (187, F. K.) Toute l'armée était réunie sous Paris le 29 au soir, et occupait les positions militaires que le maréchal Davoust avait très-habilement fixées ; car l'aile droite occupant sur la rive gauche les positions les plus éloignées de l'ennemi, il n'y avait pas à redouter qu'un emportement de sa part, ne vint briser les combinaisons de la politique ; et même si cette position fixée à la partie la plus vigoureuse de l'armée, se combinait avec une espèce de lacune laissée ouverte devant Saint-Denis et Aubervilliers ; elle était un avantage de plus, car cette lacune a été l'ouverture d'un gouffre ou l'armée prussienne s'est précipitée et ou la notre pouvait l'engloutir.

Un fait qui mieux que tout autre démontre les dispositions morales de l'armée, eut lieu le matin de ce même jour , en dehors de Paris. — L'officier d'ordonnance expédié le 28 au matin par le maréchal Davoust au maréchal Grouchy, et réexpédié par celui-ci à Senlis, n'avait eu alors qu'un trajet de cinq lieues environ à parcourir, et il en avait été de même du chef d'état-major expédié peu de moments après. L'un et l'autre ayant quitté le Maréchal avant dix heures, durent être rendus à Senlis vers midi, en même temps que les membres de la Commission civile d'armistice.—On comprend pourquoi le général prussien ne donna aucune suite aux démarches de ceux-ci, mais bien à celle du maréchal Grouchy, dont le chef d'état-major n'ayant aucune mission verbale, se borna à remettre la lettre, qui fut portée au maréchal Blucher alors en avant vers Paris. Pendant le temps de son attente au quartier général, il lui fut affirmé que le maréchal Grouchy et son corps d'armée étaient acquis à la cause royale ; ce à quoi sa dénégation fut exprimée en termes non moins énergiques, que ceux que le général Exelmans jetta quelques heures après sous Meaux au parlementaire prussien ; par lequel il va être rendu compte de la scène que sa présence fit éclater.

« La Villette, le 50 juin.

« *Le baron de Brunneck aide-de-camp du maréchal Blucher au*
« *maréchal Davoust.*

« Çetoit le 29 juin à une heure le matin, que je recevois l'ordre du
« prince maréchal Blucher Valstad, de me rendre toute suite à la
« poste, pour accompagner le général françois Sénégal jusqu'au le
« maréchal Grouchy, duquelle il avait été envoyé le matin, dans le
« moment ou nos troupes avaient attaqué le Maréchal près de Villers-
« Cotterets. La situation des corps du maréchal Grouchy était vrai-
« ment fâcheuse. Il ne pouvait pas compter de pouvoir se réunir en-
« core aux troupes françoises qui s'étaient retirer sur Paris. Çest pro-
« bablement la raison pourquoi le maréchal avoit fait la proposition

« pour un armistiche Le maréchal prince Blucher voulant profiter
« des circonstances sans avoir nécessaire de pousser ses troupes trop
« à la gauche, me charga de dire au maréchal Grouchy, qu'il voulait
« faire suspendre les hostilités sur le champ, si le maréchal voulait
« prendre avec ses corps d'armée une position derrière la Marne ou
« la Seine, sans tâcher de se réunir avec les troupes à Paris. Je de-
« vois alors si le Maréchal aurait accepté cette condition, en avertire
« nos avant-poste, et faire cesser les hostilités. (*Archives de la guerre*).

Ce rapport démontre : que bien que le maréchal prussien eut une opinion très-exagérée sur l'avantage obtenu à
Villers-Cotterets, ses prétentions n'étaient pas alors plus
onéreuses pour nous que celles qui ont été acceptées, lorsque par ses
témérités inexplicables, il s'était mis lui-
même à la merci de notre armée sous Paris.

Les deux parlementaires étant partis en poste de Senlis
à une heure du matin, passèrent par Dammartin et arrivèrent à Claye, ou était le quartier-général du maréchal
Grouchy. Si sa présence à Paris auprès du maréchal Davoust n'eut pas été tenue secrète à Claye, même pour son
chef d'état-major qui avait à lui rendre compte d'une mission importante ; les deux parlementaires au lieu de supposer comme ils durent le faire, que le Maréchal suivait le
mouvement de son armée, eussent promptement atteint le
double but de la mission près de l'un et l'autre des maréchaux, Claye n'étant éloigné de Paris que de 6 lieues. Cette
réticence fut pour tous un danger de plus, et conduisit les
parlementaires à cinq lieues au-delà de Claye, à onze de
Paris, sur le théâtre de la scène qui eut lieu vers 8 heures
du matin au plus tard, puisque les troupes venaient d'entrer en marche. C'est à l'officier prussien qu'il appartient
encore de décrire les détails de ce fait.

« En prenant le chemin de Senlis sur Dammartin, je fis accompa-
« gner le général Sénégal d'une détachement de notre cavalrie jusqu'à
« nos extrêmes avant-postes ; je le renvoyais alors parce que l'espace
« de avant-postes était très-grande, étant convaincu que je ne pouvais
« avoir une meilleure sauvegarde que celle d'un général françois.....
« Ne trouvant plus le maréchal Grouchy à Macux, je suivais le mou-
« vement de son armée sur Lagny, Champen..... mais à peine étoit-je
« entrois dans les collonnes de la cavalrie, qu'on commençoit déjà à
« prendre suspect le général Sénégal et moi. Le général Natbier à la
« tête comme je crois du 1er régiment des chasseurs, fit descendre le
« général Sénégal et l'interrogoit, tandis que je restais assise dans le
« cabriolet. On me donna sur-le-champ une escorte, on commença à
« me traiter comme prisonnier et pas comme parlementaire. Un
« officier des chasseurs prétendait d'avoir vu que le général Sénégal
« avait torché un pappier en descendant de la voiture, quoique le gé-
« néral donna sa parole d'honneur que ce n'était pas vrai. Çest qui
« me regarde. Je pourrois engager ma parole d'honneur et tout ce qui
« m'est plus cher au monde que je ne l'ai pas vu. Les chasseurs s'at-
« troupoient toujours plus autour de mon cabriolet, et insultoient de
« manière le général Sénégal, qu'il était forcé de sauter du cabriolet,
« et de prier les généraux de lui rendre justice. Çest aux officiers su.
« périeurs et surtout au général Hexelmans qui m'a traité avec tant
« de bonté, que je le dois de n'être pas maltraiter et peut être sabrer
« par les chasseurs.

Cette scène parut plus grave à l'officier prussien, qu'au
Général français, trop familiarisé depuis quelques jours
avec de pareils actes d'indiscipline. Cent fois il s'en est
entretenu avec des officiers alors présents dans chacun des
corps de l'aîle droite, et sauf deux enfants perdus, sévèrement châtiés en 1840 et 1869, personne n'y avait jamais
donné qu'une seule signification. Celle d'une défiance
injuste envers le maréchal Grouchy dans les rangs inférieurs ; et parmi les hommes de réflexion, celle d'une très-
grande surprise de sa réticence en cette occasion. Aucun,
et le chef d'état-major aussi peu que tout autre, n'a pu

s'expliquer qu'après lui avoir donné à remplir une mission de suprême urgence, au lieu de lui faire connaître son propre itinéraire, il ait tenu secret même à son égard, qu'il s'était rendu à Paris. — On a compris que lorsque après avoir touché Barre à Claye où était le quartier-général, les parlementaires se trouvaient égarés à cinq lieues au-delà, au milieu de l'armée, et sans que leur présence y fut justifiée par la présence ou le passage du Maréchal, le fait a du paraître très-étrange aux soldats eux-mêmes ; on a compris que l'absence du chef du milieu de son armée, celle d'itinéraire donné pour le retour de la mission, ont du paraître d'autant plus étranges aux chefs de corps, que contrairement aux réglements militaires, Il ne leur avait pas été donné avis de la mission. On avait conclu de ces faits, qu'ils avaient été pour beaucoup, dans les malheurs d'opinion subis alors, et depuis par le maréchal Grouchy.

Toujours est-il, que cette réticence d'une part, et la sédition de l'autre, firent manquer le but direct de la mission militaire ; mais la Providence y suppléa, en accordant par le résultat indirect, un avantage beaucoup plus précieux. En effet : l'officier ennemi se trouva porter lui-même témoignage sur plusieurs faits de première importance ; d'abord, puisque, dès avant Dammartin « *l'espace* « *des avant-postes était très-grande.* » il était rendu évident que l'aîle droite n'était suivie qu'à très longue distance (187 H.) — Ensuite il constatait l'amélioration de la situation de l'armée, et son fanatisme effréné pour la résistance ; il terminait son rapport ainsi qu'il suit :

« *Après que la situation de l'armée du maréchal Grouchy, s'avait*

« *bien changer dans les derniers 24 heures, je croyais ne devoir plus*
« *faire les propositions pour un armistiche, c'est pourquoi je n'ai*
« *pas eu l'honneur de lui parler ; mais je le croyais de mon devoir*
« *de faire rapport de ma Commission à S. A. le ministre de la*
« *guerre prince d'Eckmulh.*

« Baron DE BRUNNECK. — (*Archives de la guerre*) »

Il est donc parfaitement et officiellement démontré, que le 29 au soir le maréchal Davoust avait la certitude de l'énergique résolution de l'armée, et si la sienne eut été alors la même, une mesure tracée par les circonstances l'eût rendue manifeste. A son titre de chef militaire suprême , et au moyen des immenses ressources qu'il avait sous la main, il eut pourvu dans une proportion sérieuse , à la défense d'Aubervilliers et Saint-Denis. Interdisant ainsi aux prussiens la totalité de la rive droite de la Seine, il eut conservé à la patrie les braves qui deux jours après succombèrent dans l'attaque sans espoir d'Aubervilliers, et dans les héroïques combats de Veliry et Roquencourt. Sous la dictature du plus digne, cette hécatombe humaine n'eût pas eu pour unique objet, la déplorable dissimulation des intentions réelles ; et encore moins le mobile supposé par l'historien spécial : celui d'obtenir par le sang d'autrui, satisfaction d'une offense toute personnelle. (660)

Dans cette même journée du 29, le maréchal Davoust reçut un témoignage plus concluant que tout autre , sur l'état réel de la situation militaire. L'Empereur sachant mieux que lui ce que pouvait et voulait l'armée, avait reconnu qu'elle tenait à sa merci, celle du maréchal Blucher mortellement compromise par des témérités insensées. Il

avait fait demander au Gouvernement et au maréchal Davoust
en particulier, que le commandement de l'armée lui fut
confié comme simple général, pendant le très-court espace
de temps strictement nécessaire , pour leur livrer les prussiens enchaînés ; il promettait de quitter la France immédiatement après ; il adressait ce message par un aide de
camp, son familier et déjà lieutenant-général.   Si quelques
pages et quelques expressions inconsidérées du Gros
Livre, sont impuissantes à affaiblir dans l'opinion, l'estime
acquise au serviteur noble et dévoué ; elles ne le seront pas moins à convaincre l'histoire, que le serviteur
temporairement investi de la puissance, en ait usé dans le
sens de sa reconnaissance envers l'auteur de sa fortune.

En effet : la sécurité de sa propre personne, est un droit
garanti à l'homme par la loi naturelle, indépendamment
de toute stipulation sociale ; elle était donc une obligation
imposée au Gouvernement envers Napoléon, par le fait de
l'abdication.

Or : dans le moment même où le Maréchal ministre de
la guerre « *châtiait par une leçon rudement donnée,*
« *l'outrecuidante naïveté , l'étourderie du plus jeune,*
« *du plus inexpérimenté des aide de camp, qui venail*
« *l'entretenir de propositions absurdes* (sic), *émanées*
« *de l'Empereur.* » (Gros livre 630 631 632).

...... Oui, dans ce moment même une colonne de 2,500
prussiens, détachés de leur armée pour aller enlever l'Empereur à la Malmaison, marchait en toute sécurité par
l'espace resté sans défense, et était à cinq quarts de lieues
de son but, lorsque pour l'honneur du nom français, la
Providence suppléa à l'incurie des hommes.... et le pre-

mier des lieutenants de Napoléon, le plus comblé de ses bienfaits, était ministre de la guerre et généralissime...!! mais non, il n'était qu'un homme malheureux, mis hors de lui par un état de choses trop au dessus de lui.

CHAPITRE VI.

30 juin.

Ce ne serait que copier l'histoire sans y rien ajouter, que de reproduire ici le tableau des agitations violentes, soulevées dans la nuit du 29 au 30 et la journée du 30, au quartier-général de la Villette, dans la ville et dans l'armée. — Celle-ci unifiée par le drapeau, n'avait d'autre résolution que la résistance à l'ennemi ; et n'attendait qu'un chef et un signal ; tandis que les membres du gouvernement divisés par un triste individualisme, laissaient à l'ordre de la hiérarchie le soin de prononcer sur le choix de ce chef, au mépris du cumul de deux fonctions plus que jamais inconciliables ; et tandis qu'eux-mêmes acceptaient en dégrèvement de leur responsabilité personnelle, le chef politique qui s'imposait à eux par l'audace, et avait sur tous autres l'avantage décisif d'une résolution complètement fixe et arrêtée. — Aussi dans l'attente de cette résolution, les irritations avaient pour objet ces malheureux fantômes de la souveraineté, en proportion du devoir de participation de chacun d'eux à son exercice ; et à ce titre

.le duc d'Otrante et le maréchal Davoust personnifiaient la puissance effective. — Faire le partage ou justifier la mise en commun de cette puissance, entre deux hommes de précedents et de caractères diamétralement antipathiques, serait résoudre un grand problème, pour l'étude duquel on ne peut trouver ici que des chiffres.

Dans la matinée du 30 juin, l'urgence des circonstances imprimant au pouvoir exécutif action instantanée, etexcluant délibération collective, le duumvirat du président et et du généralissime etait en plein exercice. Mettre à découvert leurs résolutions intimement arrêtées ; exposer à la nation et à l'armée l'impérieuse nécessité des circonstances dans tout son vrai ; telle était l'obligation que par tous leurs actes personnels, officiels ou secrets, les duumvirs avaient contractée. — La remplir était désarmer la coalition et conserver à la patrie ses éléments de salut ; mais cette inévitable solution dépendait de l'armée seule puissance effective, et la dissimulation à son égard est un grief, dont jamais l'histoire n'aura droit de donner main levée.— Entre tant d'autres preuves de cette dissimulation, les diverses séries d'un seul fait suffiront pour caractériser les défaillances intimes et personnelles, sous lesquelles ont péri les ressources providentielles, qui s'étaient produites pour les 30 juin et 1er juillet.

On a déjà vu que le Gouvernement ayant institué le 27 au soir la commission d'armistice, le duc d'Otrante prit sur lui le 28, à une heure du matin, de modifier les instructions officielles. Que bien que rien n'indique que l'éxécution de cette mesure ait été formellement confiée au maréchal Davoust, il prit sur lui de s'en charger et de la

reporter sur le maréchal Grouchy. —Ce serait être aveugle
que de ne pas reconnaître l'intention réelle, qu'il fut donné
suite à la *négociation occulte* du général Tromelin ; dans
le but d'arriver à ce que la restauration fût acceptée par
l'armée, en dehors de Paris quant à la distance ; en dehors
des pouvoirs et des partis politiques quant au résultat. —
Agir en ce sens d'après les conseils de la conscience, n'é-
tait en rien coupable ; désarmer l'ennemi en désarmant
soi-même, valait mieux que d'ouvrir carrière à l'échec de
Villers-Cetterets, et à cette apparence de débandade, que
ceux mêmes qui avaient exercé la direction suprême, supposèrent à tort être le complément d'un désastre.

Lorsque cette débandade se trouva le 29 au soir trans-
formée sous Paris en un succès évident, lorsqu'un prodige
de la valeur et de l'intelligence spontanée des chefs inférieurs et soldats, dut en l'absence de direction humaine paraître émaner de celle du Dieu des armées. — Alors l'occasion était meilleure que jamais pour l'exécution du projet
du maréchal Davoust ; devenu généralissime, l'énergie du
devoir pouvait le porter utilement à assumer sur lui-même
la responsabilité d'une mesure, que l'avant-veille et la veille
il avait prétendu imposer au maréchal Grouchy. — Mais cet
effort de courage eut été grand au respect de l'armée, qui
en apportant son dévouement et ses forces, avait apporté
ses souvenirs, ses récriminations, ses défiances trop autorisées, ses irritations trop provoquées. — En ce moment
fatal, l'autorité ne pouvait plus exister que par la confiance
et l'affection ; et Dieu sait ce qu'en raison des faits des
jours précédents, comme en raison de la hauteur de son
caractère, le plus fort lui-même devait croire en posséder.

Pour apprécier cette chute de l'homme politique , dans les voies et moyens trop vulgaires de l'homme personnel, il est nécessaire d'entrer dans les détails secondaires de cette mission militaire qui, d'après les prétendues notes du maréchal Davoust, aurait été à son insu une trame occulte et criminelle.

Le duc d'Otrante qui, dans la nuit du 29 au 30 , avait failli être fusillé pour trahison, avait intérêt à désavouer la mission militaire qu'il n'avait pas personnellement ordonnée. Voyant que par ses résultats elle apportait des lumières préjudiciables à ses projets et dangereuses, pour sa sécurité personnelle, il pouvait feindre d'ignorer que le chef d'état-major du maréchal Grouchy s'était présenté chez lui la veille, et avait reçu l'ordre de revenir à 11 heures. Ecrire et signer comme EN CAS, une lettre par laquelle l'arrestation de cet officier était supposée, peut être même simplement préparée ; conserver cette lettre pour le besoin et ne pas la rendre officielle ; tenir à disposition une tête pour la substituer à la sienne ; tout cela n'était que l'une des ruses du métier de toute sa vie, et n'ajoute rien à la mémoire du duc d'Otrante. Mais un acte de cruelle hauteur, signalant le désaveu tacite du maréchal Davoust, est significatif jusqu'à en devenir historique.

Ce maréchal avait bien et duement ordonné la mission , et en connaissait tous les résultats directs et indirects, lorsque le 30 juin à midi, il reçut à quelques minutes de distance l'un de l'autre, le maréchal Grouchy et son chef d'état-major. Ce dernier avait commandé avec grand succès pendant l'expédition de la haute Egypte , le 15me régiment de dragons dans la brigade du général Davoust, qui connaissait parfaitement la loyauté peut être trop expansive de son caractère. En 1815 , il possédait toutes les faveurs préalables à une élévation de grade ; il avait fait les deux campagnes du Midi et du Nord ; dans la dernière, il avait été contusionné à Gilly, sous la chute de son cheval mortellement blessé par une balle danns la tête ; il avait perdu sa plus chère espérance dans la personne de son neveu , officier décoré, tué à l'attaque de Goumont le 18 , deux jours avant d'avoir accompli sa vingtième année. Il venait de remplir dignement une mission que l'on prétendait avoir été dangereuse pour sa vie ; qui n'avait pu l'être que par suite de sa générosité à ne pas mettre ses chefs à découvert ; qui ne l'est devenue ultérieurement pour sa mémoire que par suite de sa négligence à prendre des garanties contre un désaveu, qu'une âme aussi droite que la sienne ne pouvait supposer, — On va voir si ce désaveu résulte assez formellement du refus d'une récompense méritée, qui dans l'état des choses, était stérile de tout autre résultat que l'animadversion du prochain gouvernement, et dont à ce titre, le maréchal Davoust, dispensateur suprême, n'avait aucun motif d'être avare. On jugera même, si en l'absence de toute faveur, le bien du service ne prescrivait pas, de conserver le chef d'état-major du maréchal Grouchy , à l'état-major général sous les ordres du général Guilleminot.

Or , le 30 juin à midi, le maréchal Grouchy comprenant, qu'au milieu de telles agitations, les griefs soulevés par la mission militaire, lui rendaient une main-levée de ses actes plus indispensables encore qu'à son chef d'état-major ; se rend avec cet officier près du maréchal Davoust , déclarant entendre exiger la délivrance, de la preuve d'assentiment méritée et par lui promise. — Le maréchal entre seul dans le cabinet , en ressort peu de minutes après , et dit : « *Entrez vite, il vous attend, c'est promis , mais* « *faites-vous délivrer le brevet, car ils me semblent très* « *près de lever le camp.* » — Dans le premier cabinet, le général trouve un personnage, dont les titres comme prête-nom ou doublure, ont longtemps été ignorés de tous, et qui lui dit avec une sécheresse altière : « *Le ministre n'est* « *pas visible, — il l'est, puisque le maréchal Grouchy* « *vient de me dire qu'il m'attend. — Et moi, Monsieur,* « *je vous dis que Son Excellence ne vous recevra pas.* » En ce disant, le personnage se pose devant la porte du cabinet dont il barre l'entrée au général, qui ne se tient 'pas en reste quant à la hauteur dans les expressions et les attitudes. — La porte du cabinet s'ouvre, et sur le seuil une figure glaciale dit avec une dureté d'acier : « *Quel est ce ta-* « *page général, je ne veux pas de seènes ici, retirez-vous ;* « *— mais Monseigneur , ce n'est pas moi qui fais la* « *scène. Je viens demander justice.* — « JE VOUS DIS QUE « JE NE VEUX PAS DE SCÈNES ICI, RETIREZ-VOUS » ,—et le jupiter tournant le dos, renouvelle ce qu'il avait fait la veille , *à ce jeune aide-de-eamp étourdi, qui venait d'entendre qualifier* D'ABSURDE, *une proposition formulée par l'Empereur lui-même.* — Poursuivi jusques dans son cabinet par un inférieur qui oubliait que depuis l'Egypte, il l'était devenu de plus d'un grade, le Maréchal le laissa seul et sortit par une porte intérieure. — Le général se rendit à l'instant chez le maréchal Grouchy ; mais ô COMBLE DE SURPRISE, ON LUI DIT QU'IL A QUITTÉ PARIS ! ! ! Abasourdi par ces inconcevables mystères, il rentre à son hôtel, puis le 3 juillet, à 11 heures, s'aroute vers sa campagne , où il est mort en 1836, léguant à un dévouement survivant , tous ses doutes, et le soin de résoudre ce qui a toujours été pour lui un problème.

S'il n'est pas douteux, que de la part du maréchal Davoust, ce fait a été un désaveu de la mission et une ablution personnelle de ses conséquences ; il en ressort que ce désaveu a eu un mobile proportionné à sa gravité. Or au moment même ou le fait avait lieu, le général Fressinet, camarade du général Le Sénécal, rédigeait à la Villette, la trop fameuse et trop violente protestation , qui trois heures après fut signée par le maréchal Davoust. — Són historien prétend que sa signature fut surprise par l'abus d'un blanc-seing, et accuse le général Fressinet de ce manque de foi. Un blanc-seing donné par un homme d'un tel caractère, et pour un acte d'une telle importance, serait déjà chose bien étrange ; mais en supposant la réalité du fait, comment comprendre que dans sa haute puissance, le généralissime n'ait pas à l'instant protesté ? — Le Gros Livre en fait 50 ans après apparaître la seule intention, en publiant une rédaction sortie par avortement des prétendues notes du maréchal Davoust ; si toutefois elte n'est pas comme tant d'autres, une supposition ou un rêve suppléant à une pernicieuse ignorance. (642 à 647)

Mais les parties lésées sont encore mieux en droit de croire ; que le maréchal Davoust a désavoué la mission , pour se mettre en dehors du fait d'une mesure accusée à tort d'être une *trame criminelle*, mais néanmoins tres-compromettante en ce moment même, en raison des effervescenses soulevées contre lui ; et que cette défaillance n'a été que le prélude d'une autre plus officiellement significative, c'est-à-dire sa signature, très-sciemment quoiqu'à son grand déplaisir, apposée trois heures après à la protestation de la Villette.

Ces parties lésées se croient même en droit de demander à tout champion des deux illustres mémoires : ce qui fut advenu si dans ces jours de frénésie, le chef d'état-major du maréchal Grouchy eut péri victime de la défaillance de ses chefs, et s'ils eussent au moins rendu hommage à sa tombe en proclamant leur propre responsabilité ? — Si au contraire les faits ultérieurs ne démontrent pas, qu'il eut été très-précieux pour la plus grande gloire de deux grands noms ; que celui qui, par ses fonctions, avait été l'intermédiaire de la réception et transmission de tous les ordres, put être réputé auteur réel, des faits obscurs dont l'issue a été fatale ? Alors cette tombe absorberait la responsabilité de nombre de ces ordres, dont l'incohérence a dirigé celle des opérations militaires, surtout du 24 au 29 juin, — et telle serait aujourd'hui la situation devant l'histoire, si par le conseil de la Providence, la longue série des preuves n'avait pas été recueillie, et ne sortait pas enfin de l'oblitération qui la couvre depuis 53 ans.

En admettant que ce désaveu effectué en quelque sorte *intra muros*, ne fut aux yeux de l'histoire qu'un acte personnel contestable. En admettant même que la singulière allégation de l'abus d'un blanc-seing, put couvrir la très-grande signature matériellement apposée à la protestation de la Villette ; assez d'actes accomplis à découvert, démontreraient un désaccord *excessif*, entre les volontés intimes et les **actes** *effectifs* du maréchal Davoust. — **Comment ex-**

pliquer que le **29** au soir, le brave général Exelmans, supposât ce maréchal aussi déterminé que lui-même à la résistance, et que ce dernier au lieu de dissiper cette illusion, ait laissé monter le courage chevaleresque de son ami, jusqu'à la hauteur du fait d'armes de Velizy? — Comment expliquer qu'un très-cher affidé, le général Berthezène, ait été tenu dans la même erreur, bien qu'il fut alors le principal favori du Gouvernement provisoire, ou pour mieux dire des deux hommes qui en absorbaient la puissance ? — Comment expliquer les ordres qui ont prescrit la vaine attaque d'Aubervilliers, et l'effusion de sang des héroïques combats de Velizy et Roquencourt ? — Sont-ce les notes du maréchal Davoust, qui prétendent les réduire à un acte de châtiment du maréchal Blucher pour une offense personnelle ? — Mais il existait au 30 juin une bien autre injure et une bien autre occasion de châtiment ! — La colonne prussienne forte de 2,500 hommes, envoyée la veille sous les ordres du major Colomb, pour enlever l'Empereur à la Malmaison, n'avait point réussi dans son entreprise ; elle était le 30 aventurée à cinq lieues au moins en avant de son armée, et présentait à deux lieues de distance son flanc à plus de 15,000 hommes de la nôtre. Ces derniers en majeure partie de la garde et sous les ordres des généraux Drouot, Kellerman et de Pully, occupaient les ponts de Neuilly, Suresnes et Saint-Cloud ; est-il douteux que sur un signe du généralissime, ils se fussent précipités sur ces prussiens, et les lui eussent apportés tout vivants, pour les parquer aux pieds de la colonne ?

CHAPITRE VII.

Toutes ces réflexions qu'une étude scrupuleuse des pièces officielles en fait sortir aujourd'hui, comme étant la traduction sincère de leur texte, deviendront après suppression de sévérités tristement exagérées (n° 202. A. 2), la traduction faite par le maréchal Grouchy lui-même, si le lecteur veut bien rapprocher les uns des autres, les documents déjà exposés dans le présent travail, et qui presque tous émanent de lui,

On a vu que le 27 juin, à Soissons, le maréchal Grouchy avait refusé, de prendre la responsabilité d'une mesure que le maréchal Davoust lui faisait proposer par le général Tromelin, et qui consistait à faire prendre la cocarde blanche aux troupes. — Que le 28 au soir, il a résisté au renouvellement d'une proposition plus formelle encore, et faite en face par le maréchal Davoust lui-même. — Qu'un instant après il a éprouvé une recrudescence d'indignation, lorsque cette proposition encore aggravée, lui a été renouvelée par le duc d'Otrante. — Que le 29 au matin, à la Villette, il s'était soustrait par une espèce de fuite, à la pression exercée pour lui imposer la même mesure et la même responsabilité. — Une pièce portant la date du 29 juin 1815, et par lui écrite en 1840, pour les besoins d'un traité secret avec M. Berthezène : démontre, qu'acceptant enfin sa part de responsabilité sur le fait de la mission militaire, il reproche au maréchal Davoust le fait trop grave par lequel celui-ci a désavoué la sienne. — Mais ce qui domine entre tous autres documents, ce sont les notes du maréchal Davoust lui-même.

Ces notes attestent au dire de l'historien spécial, que l'antagonisme entre les maréchaux Davoust et Grouchy était tellement prononcé, que de la part de ce dernier, il ne procédait même pas à armes courtoises. — En effet, le maréchal Grouchy ayant dit tenir de la propre bouche de M. de Vitrolles et du duc d'Otrante : « QUE LE PRINCE D'ECKMULH « AVAIT REÇU DEUX MILLIONS, POUR QUE L'ARMÉE NE SE BATTIT « PAS SOUS PARIS, ET SE RETIRAT DERRIÈRE LA LOIRE. » Le colonel Grouchy s'était rendu à l'armée de la Loire, le propagateur de ce honteux propos, le réaffirmant au prince lui-même. — Celui-ci, après avoir chargé le général Domon de faire une enquête à ce sujet, avait ordonné au colonel Grouchy de se rendre à Paris, et de porter au duc d'Otrante une lettre ou l'on voit ces expressions textuelles. « JE VOUS « CONNAIS ASSEZ POUR ÊTRE CONVAINCU QUE VOUS N'ÉTES PAS « UN CALOMNIATEUR. » ...... « MON DEVOIR EST DE POUR- « SUIVRE DEVANT LES TRIBUNAUX LES CALOMNIATEURS. — A la vérité, ni le colonel Grouchy ni la lettre ne partirent, et la publication de la minute n'est entre beaucoup d'autres , qu'un moyen de grossir le Gros-Livre. (684 à 686). — Mais d'une part, il résulte de cette accusation en dilemme ; que si le duc d'Otrante est par le maréchal Davoust dégrévé du titre de calomniateur, Messieurs de Grouchy en restent grévés ! — Et d'autre part, que tout lecteur doit trouver une trop plaisante anomalie , dans cette phrase du même livre : « LE VIEIL HONNEUR MILITAIRE, LE PATRIOTISME DU MA-

« RÉCHAL GROUCHY NE PERMETTAIENT MÊME PAS DE SUPPOSER,
« QU'IL FUT POUR QUOI QUE CE SOIT DANS LA TRAME DU GÉ-
« NÉRAL SÉNÉCAL. »

L'antagonisme qui vient d'être mis à découvert, et le fait de l'existence des pièces imprimées en 1840, et qui sont la base du présent travail, suffiraient à démontrer : qu'une justification historique des actes communs entre les maréchaux Davoust et Grouchy, a été pendant la vie de ce dernier, une question toujours palpitante dans son esprit, quoique toujours comprimée par des considérations secondaires. Mais assez de preuves, trop de solidarité, trop de provocations, ont constitué la survivance d'un droit et même la pression d'un devoir.

Ainsi, quittant les digressions personnelles, aussitôt qu'elles cessent d'être indispensables pour l'autorité des documents, on revient à la question principale, qui est la capitulation de Paris en 1815. — On considère cette capitulation, comme cent fois plus funeste que celle de 1814 ; et cent fois moins autorisée, si elle a été rendue inévitable par des actes essentiellement personnels, accomplis à l'insu et en dehors des pouvoirs nationaux. On fonde une telle opinion, sur le témoignage des documents par lesquels les faits suivants sont matériellement constatés.

1° L'ordre donné par le maréchal Davoust le 24 à l'aile droite, de rompre sa marche vers Laon pour se reporter vers Reims.

2° Les informations adressées de l'armée dès le 24, au maréchal Davoust, sur les irritations produites par l'exécution de cet ordre, dont l'inopportunité se trouva mise trop à découvert par les contremarches ordonnées à plusieurs corps, et notamment à celui du général Exelmans, auteur présumé de ces informations, si toutefois l'allégation n'en est point encore un rêve.

3° L'ordre d'éparpiller sur les rives de la riviére d'Aisne les débris de l'aile gauche, lorsque leur impuissance à occuper utilement Compiègne était évidente.

4° L'ordre donné à l'ensemble de l'armée d'occuper toutes les places du cours de l'Oise, *y compris Pontoise;* tandis que l'exécution était impossible, en raison de la faiblesse de l'une des ailes, et de l'éloignement de l'autre.

5° La résistance du maréchal Davoust aux demandes pressantes, adressées en temps utile ; de faire occuper Compiègne et les places de l'Oise-Inférieure, au moyen des ressources qu'il avait sous la main à Paris.

6° L'urgence de cette occupation par des troupes et du matériel envoyés de Paris, lorsque le maréchal Grouchy écrivait le 26 au matin : « *Que les troupes de l'aile droite* « *ne pouvaient arriver à Soissons que dans trois jours.* » Ce qui eut été dans la soirée du 28 au plus tôt, tandis qu'elles y étaient réunies le 27 à deux heures après-midi.

7° L'ordre adressé par le maréchal Davoust, et reçu à Soissons le 26 à 8 heures du matin, par le maréchal Grouchy : « DE DIFFÉRER LE MOUVEMENT SUR PARIS, QUE LE « GÉNÉRAL MOUTON-DUVERNET ET UN AUTRE OFFICIER GÉNÉRAL « DOIVENT VENIR PROPOSER. » Tandis que la mission de ce général officiellement ordonnée par le Gouvernement et les Chambres, avait pour but unique et formel : « DE HATER LA « MARCHE DE L'ARMÉE SUR PARIS. »

8° L'absence d'explications sur la mission remplie le 27 par le général Tromelin, et les conséquences qui ont pu en résulter quant au fait de Villers-Coterets.

9° Le silence du maréchal Davoust sur les progrès de l'armée ennemie, lorsque le 27 au soir, il participa à l'institution de la Commission civile d'armistice, et lui laissa donner des instructions dérisoires, que la connaissance des faits eut nécessairement modifiées ; ce qui eut évité la mesure moins régulière, secrètement prise quelques heures après par le duc d'Otrante, et executée par le maréchal.

10° L'envoi par le maréchal Davoust au maréchal Grouchy le 28, à 3 heures du matin, de la dépêche du duc d'Otrante pour la transmettre à la Commission ; lorsque le Maréchal était au loin sur la route de Soissons ; que les commissaires n'en avaient pas d'autre que celle de Senlis ; et que d'ailleurs plusieurs heures après le départ de la dépêche de Paris, ils y étaient encore dans leur lit.

11° L'absence d'explications sur la mesure prise par le maréchal Grouchy sous Villers-Coterets, de se mettre personnellement en rapport avec le maréchal Blucher, sans en avoir reçu l'ordre formel, et d'envoyer à cet effet son chef d'état-major, avec lettre clôse, sans instructions verbales, même à l'égard des membres de la Commission, sans aucun titre le mettant en mesure de concourir à la négociation d'un armistice.

12° L'absence d'explications sur le voyage secret du maréchal Grouchy le 28 au soir. — L'absence de son itinéraire qui eût du être laissé à Claye pour son chef d'état-major, duquel il avait à recevoir le compte d'une mission de première importance. — L'absence d'avis de cette mission aux chefs de troupes, conformément aux règlements militaires.

13° Le silence absolu des maréchaux Davoust et Grouchy sur cette mission, lorsque par les scènes de Meaux et la Villette, elle était l'objet des suspicions les plus violentes ; et persistantes à tel dégré, que 25 et 50 ans encore après, de scandaleuses diffamations ont été tentées pour dégréver les auteurs réels du fait.

14° Le désaveu même de la mission le 30 juin au ministère de la guerre, eu égard au chef d'état-major , lorsque c'était mettre en danger la tête et l'honneur de cet officier ; fait personnel tellement grave, qu'il ne peut être justifié que par une exigeance politique impérieuse.

(15° L'absence dans les archives de toute pièce émanée de l'un ou l'autre des Maréchaux, sur les négociations secrètes, qui à l'insu du Gouvernement et des chefs supérieurs de l'armée, ont été le moyen d'action unique et réel de la conclusion des Cent-Jours.

16° L'absence d'explications sur le fait étrange : que la seule partie du périmètre de Paris qui ait été laissée sans défense, soit celle qui a ouvert le chemin de la Malmaison, à la colonne prussienne par laquelle l'Empereur a été près d'y être enlevé.

17° Enfin l'inexplicable conciliation du débat de 1840 , entre le général Berthezène et le maréchal Grouchy ; lorsque pour accomplir son vœu de livrer toutes les vérités à l'histoire, ce dernier avait fait imprimer les pièces qui sont la base du présent travail ; pièces qui eussent eu alors sous sa plume, en ce qui concerne le maréchal Davoust, une expression certainement plus sévère que celle qui en est ici présentée. (202 — A. 2.)

CONCLUSIONS.

—

La correspondance militaire qui s'arrête au 30 juin, suffirait par elle seule à tracer le cours des résolutions intimes du maréchal Davoust à partir du 22; et d'ailleurs une pièce annexée à un précédent travail, et présentant le plan de la position des armées sous Paris, démontre aux yeux même : que les 30 juin et 1ᵉʳ juillet, le maréchal Davoust devenu généralissime, pouvait être en réalité le DÉFENSEUR DE PARIS. —Qu'il pouvait écraser l'armée du maréchal Blucher, et paralyser ainsi l'action de l'armée anglo-prussienne toute entière, d'autant mieux que d'après la sage résolution du chef supérieur, elle ne devait pas entrer dans Paris.

Le *statu quo* pouvait donc être maintenu jusqu'a l'arrivée des souverains, et une convention arrêtée par l'autorité de l'Europe. — Il n'y avait pas lieu à capitulation, acte qui en droit militaire n'est autorisé que par l'impuissance. — Mais bien plus, puisque la force majeure était la seule loi, n'avait-elle pas déjà prononcé, en ramenant aux portes de Paris le souverain qu'elle en avait écarté? Louis **XVIII** n'était-il pas en quelque sorte présent, avec un gouvernement reconstitué, et accepté sur tout le territoire qu'il avait parcouru entre la frontière et Paris? — Remettre à un souverain le pouvoir et l'armée était rationnel, puisque

c'était combler les exigences proclamées par la Coalition.—
Soumettre l'armée à l'ennemi, était lui livrer à merci le
souverain et la nation elle-même, était mettre à sa discrétion
tous les genres de réaction, et les traités de 1815 dont l'autorité se mesure sur leur moralité.

Cependant : de ce que la simple matérialité des faits et
le témoignage sommaire de la correspondance de l'armée
étant mis à découvert isolément, il en résulterait des obscurités impliquant une grande MÉMOIRE RESTÉE ACCUSÉE
MAIS GLORIEUSE ; loin qu'il s'ensuive que ces obscurités
ne puissent être dissipées, il s'ensuit au contraire qu'elles
le doivent être. — A Dieu ne plaise donc que le présent travail ait une autre tendance, que vers la mise à
découvert de tous les documents, qui doivent concourir
à une révision par l'histoire. — Le désastre de Waterloo étant un fait accompli , les détails spéciaux ne
sont plus que glas funèbre ou questious personnelles ,
et les conséquences du désastre, sont la vraie question
historique au point de vue de l'avenir national. Or , ces
conséquences ne se sont développées que dans cette période
de dix jours, pendant laquelle a pourri la souveraineté no-
minale du gouvernement provisoire de 1815 ; et pendant
laquelle l'autorité effective du maréchal Davoust ayant do-
miné au-dessus de toutes autres, les destinées de la patrie
semblent avoir résidé en ses mains. — Ces dix jours d'a-
gonie sociale absorbent toutes les conséquences de ceux
qui les ont précédé ; eux seuls assument au respect de l'Europe, la responsabilité des troubles qui ont survécu jusqu'ici
avec aggravation progressive. Et cependant encore aujour-
d'hui, les lumières acquises sur ce triste passé, sont en ce

qui concerne les hommes, comme en ce qui concerne les
choses, bien loin d'avoir satisfait aux nécessités de la vérité
historique. En un mot, une lacune existe dans l'histoire de
notre siècle sur cette période de dix jours ; un abîme de
ténèbres et de fascinations y sépare l'empire de la ro-
yauté. — Les documents émanés du maréchal Grouchy ,
peuvent contribuer puissamment , à éclairer la partie de
cette période comprise entre le 22 et le 30 juin, époque de
la réunion de l'armée sous Paris, et de la remise du commandement au maréchal Davoust. Mais à partir de ce moment, un tel antagonisme s'élève entre les deux personnages,
que la mise à découvert des notes du maréchal Davoust ,
peut seule faire face aux exigences de la discussion, et
éclairer les très-obscurs précédents de la Capitulation de
Paris.

L'existence de ces notes est affirmée par un éloge historique couronné en 1863, et publié en 1864, sous le patro-
nage de la famille du prince d'Eckmulh. Par l'élévation des
pensées comme du style, par l'exposé loyal du mobile qui
a dirigé tous les actes du maréchal Davoust, à partir de l'abdication, cet ouvrage s'impose à l'estime. Un historien
doté d'un cadre aussi noblement tracé, le remplissant de
développements dictés par l'étude et la conscience, eut
été en mesure de s'honorer lui-même en honorant son sujet,
par un livre qui ne pourrait être l'histoire du maréchal
Davoust, sans être en même temps celle du Gouvernement
provisoire de 1815. (*Eloge historique*, pages 126 à 142).

Cette entreprise se trouve avoir été faite en 1866 , par
un livre qui se décorant lui-même du titre d'histoire spéciale, et s'autorisant des notes du maréchal Davoust, rem-

plit ses propres vides, en transformant ces notes en une source dangereuse : d'abaissements, dénigrations, diffamations même poussées jusqu'à l'odieux, envers des mémoires au moins respectables. — De telles provocations ont nécessité l'analyse la plus scrupuleuse des documents spéciaux à la retraite, pour en faire ressortir cette vérité : « QUE LE DÉSIR DE BLUCHER DE DEVANCER LOUIS XVIII , ET « D'ENTRER DANS PARIS SANS CONDITIONS, » n'a été favorisé par aucune trame ayant existé dans l'armée, mais peut être quoique très-involontairement, par la mission que dans la nuit du 27 au 28, le maréchal Davoust a ordonnée, après avoir pris l'initiative près du gouvernement par la lettre suivante : « NOUS DEVONS PROCLAMER LOUIS XVIII, LE PRIER DE « FAIRE SON ENTRÉE DANS LA CAPITALE SANS LES TROUPES « ÉTRANGÈRES , QUI N'Y DOIVENT JAMAIS METTRE LE PIED. « LOUIS XVIII DOIT RÉGNER AVEC L'APPUI DE LA NATION. « J'AI VAINCU MES PRÉJUGÉS, LA PLUS IRRÉSISTIBLE NÉCESSITÉ « ET LA PLUS ENTIÈRE CONVICTION, M'ONT DÉTERMINÉ A CROIRE « QU'IL N'Y A PLUS D'AUTRE MOYEN DE SAUVER NOTRE PATRIE. » (*Eloge historique*, page 133). — Un document très-précieux à cet égard, fait défaut dans les pièces émanées du maréchal Grouchy, et doit nécessairement se trouver dans les notes du maréchal Davoust. Ce document est la lettre que dans la même nuit, ce dernier a adressée au maréchal Grouchy, pour le charger de l'exécution de la mesure arrêtée. Le texte entier de cette lettre peut seul fixer la vérité historique, sur le point très-important de savoir : si elle contenait pour le maréchal Grouchy l'ordre formel de proclamer Louis XVIII, et de se rendre en personne près du maréchal Blucher ? En effet, alors même qu'il lui était matériellement démontré, que dans la journée du 29, ni aucune autre que celle du 28, le maréchal Grouchy n'a pu recevoir un tel ordre, et se substituer son chef d'état-major ; l'historien spécial persiste à établir à ce sujet une confusion d'autant plus significative, que cette question est le point central de l'antagonisme, que les documents démontrent avoir existé entre les deux maréchaux.

Le commentaire didactique d'éléments historiques aussi complexes, n'a pu être entrepris par l'auteur du présent travail, que d'après des données très-sérieuses dans son esprit ; et serait dépourvu d'autorité dans celui du lecteur, s'il n'était pas justifié par l'exposé loyal d'une conclusion qui se résume ainsi. — LE MARÉCHAL DAVOUST ANIMÉ DE SAGES ET PATRIOTIQUES INTENTIONS, A DÈS LE DÉBUT DIRIGÉ LES OPÉRATIONS MILITAIRES, DANS LE SENS OU ÉTAIENT PARALLÈLEMENT DIRIGÉES LES NÉGOCIATIONS. MAIS EN RAISON D'UN SILENCE DÉPLORABLEMENT COUVERT PAR L'EXTÉRIEUR DE SES ACTES, LES ADJONCTIONS QUI DANS L'ARMÉE SURTOUT, EUSSENT ÉTÉ INDISPENSABLES A LA COMMUNAUTÉ ET UNITÉ D'ACTION, N'ONT PU LUI ÊTRE CONCILIÉES. — PAR SUITE, TOUTES SES MESURES MILITAIRES ET POLITIQUES ONT ÉTÉ FRAPPÉES D'UN TEL INSUCCÈS, QU'UN ÉCLAT TROP SUBIT ACCUSANT SES COMBINAISONS PLUS ENCORE QUE LES CIRCONSTANCES, TOUT CE QUI A ÉTÉ IGNORÉ OU INCOMPRIS A ÉTÉ TRADUIT PAR LE MOT TRAHISON. — AINSI, AU MOMENT OU LA PLUS ENTIÈRE PLÉNITUDE DE SON AUTORITÉ, EUT A PEINE SUFFI POUR IMPOSER UNE CONCLUSION NORMALE A LA CRISE SUPRÊME, IL LUI RESTAIT AU PLUS ASSEZ D'ASCENDANT POUR SE SAUVEGARDER LUI-MÊME. — TROP PEU POUR SE SOUSTRAIRE A LA PRESSION, PAR LAQUELLE IL A ÉTÉ GREVÉ DE LA PREMIÈRE DE TOUTES LES RESPONSABILITÉS, DANS LE GRAND ACTE DE LA CAPITULATION DE PARIS.—

Trop peu même pour éviter, que courbé sous le maréchal Blucher, il ne contribuat a lui constituer a jamais aux dépens de la France, la gloire d'avoir été le très-habile précurseur de M. de Bismark, et le grand homme de la période des Cent-Jours de 1815.

En ce qui concerne le maréchal Grouchy, une opinion ne peut être fixée que d'après plus ample informé. — Ses documents démontrent, que jusqu'au 27, sa responsabilité dans les opérations militaires se confond dans celle du maréchal Davoust, aux ordres duquel il a strictement obéi. — Mais à partir du 27, son obéissance ou sa spontanéité ne pourraient être valablement appréciées, que d'après le texte des ordres qu'il a reçus. — Evidemment le général Tromelin a été accrédité près de lui le 27, par des instructions écrites. Non moins évidemment il n'a expédié la mission militaire dans la matinée du 28, que d'après des instructions écrites par le maréchal Davoust à 3 heures du matin, et conformes à la lettre que ce maréchal venait d'écrire au gouvernement. — Or ces deux pièces qui font défaut dans le Recueil des documents interprétés par le présent travail, existent de toute nécessité dans le Récueil des notes du maréchal Davoust ; puisque son historien spécial n'a possédé aucun autre élément, de son accusation diffamatoire au sujet de la mission militaire. — Si à la mise à découvert de ces deux pièces, une très-sage inspiration réunissait celle d'une lettre inédite écrite le 12 juillet 1815, et dont les journaux de 1840, ainsi que nombre d'éléments attestent l'existence ; toute espèce de doute cesserait, sur la conformité du mobile dont l'un et l'autre des maréchaux a été animé. — Alors l'une et l'autre mémoire n'aurait à être justifiée, que des défaillances qui ont mis obstacle, à ce qu'une mesure nécessaire fut exécutée en temps utile ; et les champions de ces mémoires auraient à se justifier eux-mêmes, des réticences et simulations inconsidérées, par lesquelles ils ont tenté de substituer un clinquant faux et futile, à l'éclat réel et durable, que la probe et sincère vérité eut conféré à deux grandes figures historiques.

Si ces conclusions, résultat' d'un travail strictement mathématique et nullement littéraire, sont une provocation efficace en faveur de la mise à découvert de tous les documents, et deviennent ainsi une simple voie d'études pour l'histoire essentielle, l'objet du présent travail sera accompli. — Alors les faits secondaires ou personnels qui seuls peuvent lui imprimer une teinte de censure, pourront être placés sous le très-large et complaisant abri de la raison d'état ; ou mieux encore, être mis à néant, comme des lueurs devenues sans objet, lorsque l'obscuriié est dissipée.

Mai 1869.

Charles LE SÉNÉCAL.

DOCUMENTS SUPPLÉMENTAIRES

Après avoir entendu les plaidoiries de Me Ernest Cartier, avocat de M. Le Sénécal et de Me Rivière, avocat de M. de Chénier, aux audiences des 27 février, 5 et 12 mars suivants, de la première Chambre du tribunal civil de la Seine; M. l'avocat impérial Manuel a prononcé à l'audience du 17 mars, des conclusions dont les motifs sont reproduits ci-après :

Ce procès, Messieurs, nous reporte à ces temps douloureux de notre histoire, où la France, après d'héroïques et suprêmes efforts, voyait, pour la seconde fois, son sol envahi et sa capitale menacée par l'étranger.

En ces jours trop mémorables, quel rôle joua le général Le Sénécal, chef d'état-major du maréchal Grouchy ?

Ce dernier, Messieurs, vous le savez, après le désastre de Waterloo, avait reçu du gouvernement provisoire l'ordre de faire aux généraux ennemis marchant sur Paris des ouvertures pacifiques. Le 29 juin au matin, de Villers-Cotterets, où il était parvenu avec son corps d'armée, il dépêcha le général Le Sénécal près du maréchal Blücher, pour lui demander une suspension d'armes. Le général Le Sénécal rencontra aux environs de Gonesse le commandant en chef de l'armée prussienne et s'acquitta de sa mission. Le maréchal Blücher, sans repousser, en principe, les propositions d'un armistice, déclara qu'il y mettait pour conditions, que le maréchal Grouchy resterait avec ses troupes derrière la Marne, et ne prendrait point part à la défense de Paris.

Le général Le Sénécal n'avait aucun pouvoir pour accepter ou repousser une semblable proposition. Il se chargea seulement de la transmettre au maréchal Grouchy. Un officier prussien, le major de Brünneck, fut chargé de l'accompagner pour rapporter la réponse du maréchal. Vous savez comment, alors qu'il traversait en voiture, avec l'officier prussien, les colonnes du général Exelmans, le général Le Sénécal fut reconnu, arrêté, soupçonné de trahison et menacé, malgré ses explications et celles du major de Brünneck, et comment l'intervention du général Exelmans seule put parvenir à calmer la fureur des soldats, et permit au général Le Sénécal de continuer sa route pour se rendre auprès du maréchal Grouchy, tandis que le major de Brünneck était envoyé, sous escorte commandée par le chef d'escadron Rambourg, au ministère de la guerre.

C'est à raison de ces faits, que M. de Chénier, dans son histoire du maréchal Davoust, a représenté le général Le Sénécal comme un traître, qui, sans les ordres et sans aucune participation du maréchal Grouchy, avait ourdi une trame criminelle, était entré en négociations avec l'ennemi, et avait ensuite tenté de détourner les soldats de leur devoir « pour renouveler la honte de 1814. » Le général Le Sénécal, ajoute M. de Chénier, devait être interrogé et immédiatement arrêté ; il le sentit, prit la fuite et passa à l'étranger. »

C'est ce passage de l'histoire du maréchal Davoust, si précis dans des affirmations d'une nature si grave, qui a vivement ému M. Le Sénécal, le neveu et le légataire universel du général Le Sénécal. Ses susceptibilités, on le comprend, ne pouvaient être plus légitimement éveillées.

Quelle accusation plus grave pour la mémoire de son oncle pouvait être, en effet, portée contre ce dernier ?

Quiconque trahit ou tente de trahir son pays, n'est-il pas du sentiment de tous, un misérable et un lâche voué à l'infamie ? Et n'est-elle pas plus grande l'infamie qui s'attache à la trahison lorsque le traître est un soldat en campagne, désertant son honneur et son devoir pour entrer en intelligences avec l'ennemi, à l'heure suprême où s'agitent les destinées de son pays ?

Sur les réclamations de M. Le Sénécal, sur les productions qu'il lui fit de divers documents, et notamment de la lettre du major de Brünneck, aujourd'hui classée aux archives de la guerre. M. de Chénier, on vous l'a dit, reconnut l'erreur par lui commise ; et on vous a lu l'article qu'il a fait paraître dans la revue *le Spectateur militaire*, article dans lequel il explique les causes de son erreur et donne ensuite le texte du passage relatif au général Le Sénécal , qui doit être substitué au passage erroné de son livre.

Il est donc bien constant que le général Le Sénécal n'a point forfait à l'honneur, de l'aveu de M. de Chénier lui-même, et ce n'est pas ce point d'histoire qui est soumis à l'appréciation du Tribunal.

Quel est donc le procès ?

M. Le Sénécal trouve insuffisante la réparation qui résulte de la publication dans *le Spectateur militaire* de l'article de M. de Chénier. De plus, il n'approuve pas entièrement le texte du passage rectificatif rédigé par ce dernier. Il demande donc que la rectification des pages du livre de M. de Chénier qui concernent son oncle se trouve, sous forme d'*erratum*, jointe au livre lui-même, c'est-à-dire à tous les exemplaires de ce livre qui ne sont point encore vendus, ou dont on connait les souscripteurs ou les acheteurs. Il demande en outre que la rectification, rédigée par M. de Chénier, et qui a paru dans *le Spectateur militaire*, soit écartée et qu'on y substitue une rectification qui est son œuvre personnelle, qu'il a fait paraître, lui aussi, dans *le Spectateur militaire*, et qui, prétend-il, est plus conforme dans tous ses détails à la vérité historique.

Sur le premier point, il ne me parait pas, messieurs, que vous puissiez hésiter à reconnaître fondée la prétention de M. Le Sénécal. Où donc, en effet, se trouve l'erreur, l'accusation grave portée contre la mémoire du général Le Sénécal? C'est dans le livre de M. de Chénier. Ne faut-il pas, dès-lors, que ce soit dans le livre lui-même que se trouve la reconnaissance de l'erreur, la réparation due à l'honneur, à la mémoire d'un brave militaire? Peut-il suffire qu'elle se trouve dans *le Spectateur militaire ?* Non, évidemment. Les lecteurs de l'histoire du maréchal Davoust ne sont pas, en tout cas peuvent ne pas être les mêmes que ceux du *Spectateur militaire*. Cela seul rend légitime la demande de M. Le Sénécal.

M. de Chénier, d'ailleurs, le comprend si bien que, sinon par ses conclusions, au moins par les déclarations formelles de son honorable avocat, il offre de faire imprimer, pour la faire joindre ensuite aux exemplaires de son livre, une rectification du passage justement incriminé. Mais il y met deux conditions. La première, c'est que ce travail sera fait aux frais de M. Le Sénécal ; la seconde, c'est que le texte de la rectification sera celui qu'il a fait paraître dans le *Spectateur militaire*, et non pas celui de la rectification émanée de la plume de M. Le Sénécal.

M. Le Sénécal repousse absolument ces deux conditions.

Que devez-vous décider sur l'un et l'autre point ? C'est ici seulement, ce me semble, que se posent les questions vraiment délicates du procès.

J'estime, Messieurs, que la réparation sollicitée par M. Le Sénécal, et qui doit résulter de l'annexion aux exemplaires du livre de M. de Chénier d'un texte rectificatif, doit avoir lieu aux frais de ce dernier.

Personne, Messieurs, n'est obligé d'écrire l'histoire ; tout le monde a la liberté de l'écrire. Quiconque entend user de cette liberté et devenir historien contracte un grand devoir, assume sur lui une sérieuse responsabilité. Ce devoir grandit encore et cette responsabilité devient en même temps plus lourde, lorsque celui qui a voulu prendre la plume de l'historien écrit l'histoire contemporaine ou quasi-contemporaine, c'est-à-dire cette première histoire qui doit fournir aux générations futures les éléments, les matériaux de l'histoire proprement dite. Ses erreurs, en effet, ne sont-elles pas susceptibles d'avoir les plus fâcheuses, les plus irrémédiables conséquences ? Par quelques mots erronés, ne peut-il pas vouer injustement la mémoire d'un honnête homme, d'un loyal soldat à l'exécration de la postérité ?

Sans aucun doute, l'historien ne doit pas dispenser légèrement la louange. Mais, quant à la honte, Messieurs, avant de la déverser sur un personnage historique, à quelle réserve, à quelle prudence, à quelle circonspection n'est-il pas obligé ? En pareil cas, saurait-il trop réfléchir, trop consulter, trop s'éclairer ? Non-seulement il doit connaître tous les documents officiels ou autres qui existent sur le sujet ou le personnage dont il s'occupe ; non-seulement il doit connaitre toutes les publications antérieures qui ont le même objet ; mais les documents, il doit les étudier avec un soin scrupuleux, saisir leur véritable portée, les rapprocher, les contrôler les uns par les autres. Il doit faire de même, avec le même soin, la même conscience, pour les publications antérieures. Et ce n'est qu'après avoir tout connu, tout lu, tout interrogé, tout scruté, tout médité ; qu'après avoir, en un mot, fait passer tous les éléments de son travail au crible de la critique historique, pour en dégager sûrement la vérité, au moins dans l'humaine mesure ; ce n'est qu'après toutes ces précautions, dis-je , qu'il peut en toute sécurité de conscience, et sans engager sa responbilité, écrire ces pages qui impriment à la mémoire de ceux qu'elles concernent, une des flétrissures qui demeurent le plus souvent ineffaçables.

Si l'historien a manqué à quelqu'un de ces devoirs, à quelqu'une de ces obligations, si, par son imprudence, son ignorance ou sa légèreté, il a commis même de bonne foi au préjudice d'autrui, une de ces erreurs graves qu'il aurait pu ne pas commettre, il est responsable parce qu'il est en faute, et il doit aux termes de l'art. 1382 du Code Napoléon, la réparation du préjudice qu'il a causé.

Ces principes, Messieurs, me paraissent incontestables, car ce sont ceux que la jurisprudence, sans porter aucune atteinte aux immunités de l'histoire, a fait triompher définitivement et qui ont été pour la première fois affirmés avec une grande autorité , par l'arrêt rendu sous la présidence de M. le premier président Delangle, le 17 avril 1858, par la Cour de Paris, dans l'affaire des *Mémoires du maréchal Marmont*, dont certains passages portaient atteinte à la mémoire du prince Eugène.

Après avoir lu plusieurs considérants de cet arrêt, M. l'avocat impérial continue ainsi :

Ces principes admis, il faut rechercher si M. de Chénier a commis une faute. Que dit-il pour sa défense ? Il invoque sa bonne foi ; son erreur, ajoute-t-il, n'a été que celle des documents officiels. Il n'a fait que répéter ce qui se trouvait dans la lettre du général Exelmans et dans celle du chef d'escadron Rambourg. Il n'a pas connu celle du major de Brünneck, qui n'a été classée, suivant lui, aux archives de la guerre, que postérieurement à la publication de son livre.

Sa bonne foi, Messieurs, est certaine. J'admets aussi qu'il n'a pu connaître la lettre du major de Brunneck, comme le donne à penser le certificat qui vous a été lu du directeur des archives de la guerre ; mais il ne me semble pas qu'il soit pour cela à l'abri de tout reproche.

N'a-t-il pas admis trop facilement, alors qu'il déchargeait de tout soupçon de connivence le maréchal Grouchy, la possibilité d'une tentative de trahison de la part du général Le Sénécal ? Comment donc, en effet, cet officier chef d'état-major, n'ayant point de troupes sous ses ordres, aurait-il pu exercer sur l'armée une influence sérieuse et renouveler la honte de 1814, suivant l'expression de M. de Chénier ? c'est-à-dire neutraliser en l'éloignant un corps d'armée, ainsi qu'on reproche au duc de Raguse de l'avoir fait à cette époque ?

D'un autre côté, comment, puisqu'il accusait le général Le Sénécal non-seulement d'une infamie, mais encore d'un crime puni de mort par les lois militaires, comment M. de Chénier ne s'est-il pas dit, lui, ancien chef des bureaux de la justice militaire au ministère de la guerre, que les archives de son ancien bureau avaient dû conserver les traces de la procédure nécessairement suivie alors ? Et comment n'a-t-il fait aucunes recherches pour découvrir cette procédure ? Il n'en a fait aucune, il le confesse. S'il eût recherché, il n'eût rien trouvé, et cela seul eût suffi pour lui donner à réfléchir sur l'invraisemblance de l'accusation.

Enfin, n'a-t-il pas forcé le sens et la portée de la lettre du général Exelmans, le principal document invoqué par lui? Relisez cette lettre, Messieurs, et vous verrez qu'elle est loin d'affirmer la tentative de trahison que M. de Chénier présente comme certaine. Le général Exelmans rapporte les faits, l'impression fâcheuse qu'ils avaient fait naître dans l'esprit de ses troupes, les soupçons hautement manifestés, mais en même temps, il a bien soin de dire, que le général Le Sénécal lui avait déclaré, qu'il avait été envoyé par le maréchal Grouchy au général Blücher pour traiter d'une suspension d'armes.

Si ce fait était vrai, tout s'expliquait avant d'admettre la trahison, il y avait donc là un point capital à éclaircir.

Eh bien ! Messieurs, quand M. de Chénier écrivait son histoire du maréchal Davoust, ce point était depuis longtemps éclairci.

En 1840, à la suite d'un débat solennel entre le maréchal Grouchy et le général Berthezène, tous les deux pairs de France, débat auquel s'était mêlé le neveu du général Le Sénécal, décédé, le général Berthezène, qui avait dirigé certaines accusations contre le maréchal Grouchy et le général Le Sénécal, à propos de leur conduite en 1815, n'avait-il pas, éclairé par les communications du maréchal Grouchy, rendu toute justice au général Le Sénécal, et s'expliquant sur le fait même dont nous nous occupons, déclaré dans une lettre publiée par la *Biographie des hommes du jour :* « Qu'il reconnaissait que le général Le Sénécal était alors dans l'exercice naturel de ses fonctions de chef d'état-major, et qu'il se plaisait à rendre à sa mémoire l'hommage que lui devait sa loyauté. »

Comment M. de Chénier n'a-t-il pas connu ce document si important, publié dans un recueil si connu ?

En vain il prétend que le débat de 1840 intéressait principalement le maréchal Grouchy, et que ce qui concernait le général Le Sénécal est passé inaperçu ; singulière excuse pour un historien ! ce qu'a écrit M. de Chénier sur ce général dans son histoire du maréchal Davoust a-t-il passé inaperçu ? Il pouvait ne pas parler de lui, mais s'il voulait en parler, il devait connaitre la lettre du général Berthezène. L'ignorance dans laquelle il a été de ce document, voilà sa principale faute. S'il l'eût connu, il n'eût sans doute pas commis l'erreur relevée contre lui et qu'il a dû confesser.

Il est donc responsable du préjudice causé, et c'est lui, par suite , qui doit seul supporter les frais de la rectification à annexer aux exemplaires de son livre.

Maintenant, Messieurs, et c'est la seconde question à examiner devez-vous accepter la rectification émanée de M. de Chénier et imprimée dans *le Spectateur militaire*, ou lui imposer celle de M. Le Sénécal ?

Je suis d'avis que vous devez admettre la rectification de M. de Chénier. Pourquoi, en effet, la *repousserait-on ?* N'est-il pas l'auteur du livre ? Sur le point capital, essentiel, le seul qui soit l'objet du procès, ne proclame-t-elle pas l'innocence absolue du général Le Sénécal ; ne rend-elle pas pleine justice à sa mémoire ?

Sur certains points de détail, à l'égard desquels il diffère d'opinion avec M. de Chénier. M. Le Sénécal, il est vrai, la critique. A-t-il tort a-t-il raison ? Je n'ai point à le rechercher. Le Tribunal n'a pas pour mission d'écrire l'histoire.

Ce que je puis dire, toutefois, c'est qu'après avoir lu avec soin tous les documents historiques produits au procès, et avoir comparé entre elles les deux rectifications rivales, il m'a paru que, ni l'une ni l'autre n'était peut-être irréprochable au point de vue historique , mais qu'en somme, celle qui était le plus d'accord avec les lettres du major de Brünneck, le document capital parmi tous ceux invoqués, c'était celle de M. de Chénier.

Il me semble, d'ailleurs, que dans l'intérêt même de la mémoire du général Le Sénécal, il vaut mieux que la rectification de l'erreur commise à son préjudice, émane de celui-là même auquel elle est imputable. Aux yeux des lecteurs, ne sera-t-elle pas plus décisive et n'aura-t-elle pas plus d'autorité, qu'une rectification qui, émanée d'un tiers et ordonnée par jugement, paraitrait sur tous les points imposée à l'auteur contre son sentiment personnel?

JUGEMENT

Tribunal civil de la Seine, 1re Chambre, présidence de M. de Lesvaux.

Audience du 30 mars 1869.

« Le Tribunal,

« Attendu que dans la livraison du *Spectateur militaire* du mois d'avril 1867, de Chénier a reconnu que son histoire du maréchal Davoust devait être modifiée aux pages 617 et suivantes, en ce qui concerne le général Le Sénécal ;

« Que si, comme il le dit lui-même, la relation du major prussien de Brünneck, en date, à la Villette, du 50 juin 1815, connue seulement depuis la publication du livre, est le seul document officiel portant la lumière sur la mission de cet officier, en compagnie du général Le Sénécal, la correspondance classée aux archives du ministère de la guerre n'autorisait pas les affirmations que M. de Chénier s'est permises ;

« Que la polémique de 1840, sur la brochure du lieutenant-général Berthezène, la lettre par lui écrite le 19 novembre de la même année au maréchal de Grouchy, et imprimée dans la *Biographie des hommes du jour*, et les pièces éditées en 1864 par le général de Grouchy, devaient rendre l'écrivain particulièrement circonspect sur cet incident ;

« Que la rectification, telle qu'elle est rédigée par le demandeur, ne saurait être intercalée dans l'ouvrage ;

« Que celle du défendeur n'ayant paru que dans *le Spectateur militaire*, il y a lieu d'ordonner qu'un carton soit ajouté à la fin du livre et que le jugement soit publié ;

« En ce qui touche Cosse et Marchal :

« Attendu qu'ils n'ont encouru aucune responsabilité, mais qu'ils doivent être maintenus en cause pour que le jugement leur soit commun ;

« Par ces motifs,

« Dit que dans le mois du présent jugement, de Chénier fera imprimer, à ses frais, un carton contenant la rectification par lui insérée dans *le Spectateur militaire*, à partir de ces mots :

« Les généraux anglais et prussien comprenaient parfaitement que « les troupes du maréchal de Grouchy, qui n'avaient point combattu « à Waterloo, pourraient leur être opposées sous les murs de Paris. »

« Que ce carton sera placé dans chacun des exemplaires du livre non encore vendus, après la table et sous ce titre : « Rectification extraite d'un article publié par l'auteur dans *le Spectateur militaire* (avril 1867).

« Et qu'aux pages 647, 571, 783 et 801, il sera joint une bande imprimée contenant un renvoi à ladite rectification ;

« Si non dit qu'il sera fait droit ;

« Autorise Charles Le Sénécal à faire insérer les motifs et le dispositif du présent jugement, dans trois journaux à son choix et aux frais de Chénier ;

« Déclare le présent jugement commun avec Cosse et Marchal ;

« Déboute le demandeur du surplus de ses conclusions ;

« Et condamne de Chéniér en tous les dépens. »

A Monsieur le Directeur de la Revue mensuelle, ayant pour titre : **le Spectateur militaire.**

MONSIEUR LE DIRECTEUR,

En avril 1867, vous avez reçu de moi une protestation

et des preuves, qui eussent du prévenir la très-fâcheuse publication de l'écrit de 16 pages, qui figure à votre livraison du 15 avril, dans l'intérêt mal compris de M. de Chénier, dont vous déclarâtes être solidaire.

Après cette publication, vous avez refusé d'admettre ma réclamation, et aggravé ainsi un procès rendu indispensable par ce fait. Enfin vous renouvelez aujourd'hui le même refus.

Vous pouvez supposer, Monsieur, qu'un écrit qui ne contient que fictions au respect de l'histoire, et simulations injurieuses au respect des personnes, n'altère point la dignité de votre recueil, d'ailleurs très-éminemment estimable.

Mais de mon côté, plein de respect pour le cercle très-élevé de vos lecteurs ; les considérant comme les apprécia teurs les plus dignes, et les arbitres spéciaux de toute question d'honneur et d'histoire militaires, je tiens essentiellement à ce que la vérité leur parvienne, sur des faits dont la gravité patriotique, est depuis 53 ans l'objet de tant de controverses.

J'ai donc l'honneur de vous adresser une brochure ayant pour titre : LES PRÉCÉDENTS MILITAIRES DE LA CAPITULATION DE PARIS EN 1815. — Vous y trouverez toutes les preuves pour le cas ou vous daigneriez les arbitrer. — La présente lettre elle-même, qui peut désintéresser votre impartialité ; et ma réclamation rétablissant la vérité historique, sur les faits mis en cause par vos livraisons des 15 mars et 15 avril 1867.

Ne doutant point que vous ne fassiez justice, je vous

prie de me faire adresser la livraison qui contiendra ma réclamation , et je m'empresserai de désintéresser votre éditeur.

Agréez, Monsieur le Directeur, l'expression de mes sentiments les plus distingués,

Charles LE SÉNÉCAL.

Réclamation apposée à l'écrit publié par M. DE CHÉNIER,

Le 15 avril 1867, dans le *Spectateur militaire.*

Les 22 et 27 juin 1815, deux Commissions furent instituées par le Gouvernement pour négocier avec l'ennemi. La première connue sous le nom de Commission de la Paix, n'a pas l'ombre de rapports avec la question traitée par M. de Chénier. — La seconde connue sous le nom de Commission d'armistice, est passée sous silence par cet écrivain, bien qu'elle seule ait trait à la question. (S. 113— B. 37).

La lettre en chiffres du préfet de la Moselle, précise par son texte même : qu'elle a été écrite à Metz le 28, à midi , et ouverte à Verdun. — Or, 76 lieues séparant Metz de Paris , elle n'a pu y arriver que le 29 après-midi , alors que les troupes prussiennes étaient sous Paris ; l'aile droite de notre armée sur la route de Meaux a la capitale ; et le

NOTA.—Les pages du *Spectateur* sont désignées par la lettre S, et celles de la brochure par la lettre B.

fait incriminé par M. de Chénier a accompli dès le matin,
sous Meaux. (S. 115).

M. de Chénier n'a point, comme il le prétend , trouvé
aux archives de la guerre une pièce qui n'y a jamais existé ,
c'est-à-dire la minute : « D'UNE LETTRE ÉCRITE LE 29 PAR
« LE MINISTRE DE LA GUERRE AU MARÉCHAL-GROUCHY, POUR LUI
« DONNER L'ORDRE, DE SE RENDRE EN PERSONNE PRÈS DES
« GÉNÉRAUX ENNEMIS. » — Mais il a du y trouver une pièce
quelles contiennent certainement, et dont l'expression est
formellement contraire : c'est-à-dire le brouillon d'un
projet d'ordre collectif pour le maréchal Grouchy et le
comte de Valmy ; pièce ou ce qui concerne le maréchal
Grouchy est effacé , et ce qui concerne le comte de Valmy
est maintenu. Puis , comme complément de preuve, il a pu
y trouver une mise au net constatant l'expédition au comte
de Valmy, et une absence de mise au net complétant la
preuve de l'annulation de l'ordre, en ce qui concerne le
maréchal Grouchy. — En effet, le 29 au matin, ce maréchal
était à la Villette près du maréchal Davoust, et est parti de
là pour Claye, tandis qu'au même moment son chef d'état-
major parti de Senlis à une heure du matin, était d'abord
sur la route de Meaux, puis ensuite et jusqu'à la nuit,
dans la colonne du général Exelmans entre Meaux et Paris.
L'un et l'autre fait démontre donc au même dégré , que
l'ordre prétendu et la substitution de personne, ont été matériellement impossibles. (S, 114, 115 — B. 43, 47, 50).

M. l'avocat impérial a fait exacte justice, de la preuve
que M. de Chénier a prétendu faire ressortir de la lettre du
général Exelmans, et a démontré qu'elle précisait une
preuve diamétralement contraire. Je dois ajouter que la

copie qui en est donnée par **M.** de Chénier est infidèle,
comme supprimant des expressions essentiellement significatives. — En effet la minute porte : « Je cédai aux ins-
« tances des soldats général. » Le mot *soldats* étant légèrement raturé sans rectification du précédent et du suivant. Puis pour derniers mots après : *trouver V. E.*.........
de la méfiance sur moi ! — de ces expressions. Je crois
pouvoir conclure quant aux premières, qu'elles étaient une
excuse du général Exelmans pour lui-même ; et quant
aux secondes, qu'elles temoignent de la noble discrétion du
chef d'état-major, qui malgré l'affection qu'il a conservée
jusqu'à la mort pour le général Exelmans, accepta pour lui-
même tous les dangers, plutôt que de mettre a découvert
les chefs de qui émanaient ses ordres. (S. 115, 116—B. 54).

Je puis encore ajouter : que lorsque M. de Chénier a rédigé son écrit, il avait entre les mains une seconde lettre,
adressée par le général Exelmans au général Berthezène en
juin 1840, et ainsi conçue :

« En réponse à la lettre que vous m'avez fait l'honneur de m'écrire
au sujet du général Le Sénécal, je vous dirai que le 30 juin 1815, à
une lieue de Meaux (en deçà), cet officier-général étant en calèche
avec un officier supérieur prussien de l'état-major, traversait la colonne de mes troupes ; l'apparition d'un officier prussien avec le général français causa une rumeur générale dans la colonne ; bientôt
la calèche fut entourée par une centaine de cavaliers, ils avaient pour
la plupart le sabre à la main ; des cris de *trahison* et de violentes
menaces se faisaient entendre. J'accourus au bruit et je reconnus le
général Le Sénécal, en calèche au milieu du groupe. Aussitôt que je
fus parvenu à apaiser le tumulte, je demandai à ce général d'où il
venait, il me répondit qu'il venait de chez le maréchal Blücher, où il
était allé par ordre du maréchal Grouchy, pour lui proposer un
armistice »

« Je demandai ensuite à l'officier prussien ce qu'il venait faire

parmi nous, cet officier me répondit *qu'il était envoyé par le maréchal Blücher auprès du général en chef de l'armée française, pour
lui proposer d'évacuer Paris le lendemain, et lui dire qu'à cette
condition l'armée pourrait se retirer sans être attaquée ni inquiétée.* »

« Je ne vous dirai pas, mon cher général, l'indignation que pro-
duisit en moi cette outrageuse proposition, ni la réponse que je fis à
cet officier prussien.

« J'envoyai le général Le Sénécal et cet officier au maréchal prince
d'Eckmülh, avec une escorte, et 'n'en ai plus entendu parler depuis.»

« Voilà, mon cher général, l'exacte vérité et ce que je puis dire
sur cette circonstance extraordinaire, et que je pourrais attester ainsi
que d'autres officiers, si cela était nécessaire. »

« J'ai l'honneur d'être, avec une haute considération, mon cher général, votre très-attaché collègue,

« *Signé* EXCELMANS. »

La lettre du duc d'Otrante n'est qu'un simple projet qui
n'a pas été expédié ; n'a pu avoir aucune influence sur la
question ; n'existe pas aux archives de la guerre, et n'a été
mis à jour que par moi. On pourrait peut-être même supposer, que dans l'esprit de l'excellent duc, cette pièce était
destinée à être l'introduction d'une revanche a l'égard du
maréchal Grouchy, pour les refus de concours qu'il en avait
reçu la veille et l'avant-veille. (S. 116 — B. 47, 48, 61).

Je n'ai point eu à publier mes brochures DANS L'INTÉRÊT
DE LA RÉPUTATION MILITAIRE DE MON ONCLE, parce que, si
pour la première fois elle a été offensée en 1840, dans le
seul but d'atteindre le maréchal Grouchy ; le coupable a été
obligé d'abaisser sa dignité, jusqu'a une réparation tellement éclatante, qu'elle eut du servir d'enseignement à M.
de Chénier, et lui faire éviter la leçon qu'il a reçue sur ce
fait même dans le jugement du tribunal. — Mes brochures

ont eu pour unique objet, de maintenir l'autorité des témoignages et documents émanant d'un homme irréprochable ; parce que ces témoignages ayant été mis en cause
en dehors de lui, leur autorité est devenue essentiellement
nécessaire, pour fixer la vérité historique, sur les faits ca-
pitaux des opérations militaires de 1815 ; et sans cette nécessité, j'eusse cru ridicule de mettre en cause nos obscures
personnes. (S. 117, 118). Si donc M. de Chénier excédant
son droit qui se réduisait a un désaveu pur et simple, voulait
simuler que j'avais pendant 20 ans soutenu une lutte im-
puissante, pour réhabiliter la mémoire de mon oncle ; qu'a-
près 52 ans de dégradation sociale, cette mémoire n'en était
relevée que par la plume souveraine de l'historien du maréchal Davoust. S'il lui plaisait d'imposer une sentence sur
mes brochures : « TROP SÉVÈRES, PARFOIS MÊME INJUSTES,
« MAIS EXCUSABLES. » Il pouvait comme je le fais ici pour
ses erreurs, discuter les miennes par un écrit spécial. —
Mais rien ne l'autorisait à substituer une censure dégradante
à une réparation obligée ; il n'avait point à nous composer
avec de fausses couleurs un portrait historique ridicule , et
encore moins à se pavaner lui-même, en s'érigeant en juge,
titre peu conciliable avec celui de condamné. (S. 122 à 128).

La lettre du major prussien de Brunneck a été retrouvée
en ma présence le 5 septembre 1865, dans les pièces de
rebut, par un très-honorable fonctionnaire du bureau des
archives ; elle était annexée aux lettres Exelmans, Rambourg
et trois autres ; elles ont été immédiatement classées, puisque dans les mois suivants il m'en a été délivré copie , et le
30 novembre 1866, je les ai fait voir à M. de Chénier, in-
séparées et toutes premières dans leur carton. Du reste, il
s'est bien gardé de donner copie de cette pièce qui est his-

torique au premier chef, et eut suffi par elle seule à dissiper les fascinations de son écrit du 15 avril ; (S. 118, 128
— B. 52, 54), en démontrant l'impossibilité déjà démon-
trée par la lettre du général Exelmans, en date du 29 juin,
de transporter à ce jour l'initiation de la mission militaire.

Ne supposant point qu'aucun lecteur voulut étudier jusqu'à la fin, ce cahos d'incohérentes fascinations, qui pré-
cède la rectification commençant à la page 125, je me borne
à signaler par un simple stigmate : cet envoi d'officiers qui
n'ont pu trouver alors qu'il était présent à Paris, leur chef
spécialement supérieur, lequel n'avait pas dévié de son itinéraire officiel : cette fuite à l'ennemi démentie par tous
les documents comme par le bon sens. Je signale surtout
l'emploi de ces mots prodigués comme preuves dans tout
l'écrit : TRADITION, ON SAVAIT, J'AI ENTENDU, J'AI DU EN CON-
CLURE. Triste bagage de l'ignorance, et qui ne contient de
preuves, qu'au préjudice du sens moral de celui qui les
emploie sans les justifier. (S. 117, 127).

Après cette réfutation bien sommaire, des 13 lourdes
pages qui sont le socle de la rectification maintenue par M.
de Chénier, j'aborde cette dernière pièce dont son livre reste
décoré, et sur ce monument je placarde l'exposé suivant :

RECTIFICATION.

Le 26 juin au soir, le maréchal Davoust était en négociation avec M. de Vitrolles pour le rappel de Louis XVIII.

Le 27 au matin, il avait par l'intermédiaire du général
Tromelin, adressé au maréchal Grouchy à Soissons, des
ouvertures tendant au rappel de Louis XVIII. (B. 31, 32).

Le 27 au soir, quelques heures après l'institution de la Commission civile d'armistice, il écrivit au Gouvernement : « NOUS DEVONS RAPPELER LOUIS XVIII... LA PLUS IRRÉSISTIBLE « NÉCESSITÉ ET LA PLUS ENTIÈRE CONVICTION M'ONT DÉTER- « MINÉ A CROIRE, QU'IL N'Y A PLUS D'AUTRE MOYEN DE SAUVER « NOTRE PATRIE. (B. 76). »

Le 28 à une heure du matin, le duc d'Otrante écrivit au nom du gouvernement aux membres de la Commission ; ne parlant nullement du rappel de Louis XVIII, mais pres- crivant d'obtenir un armistice, au prix de quelques places fortes. (B. 41, 42).

Cette lettre fut remise au maréchal Davoust, qui à trois heures du matin, donna à M. Laloy, officier d'ordonnance, ordre de la porter aux Commissaires, en passant par le quartier général du maréchal Grouchy alors à Villers-Cotterets ; et cela, bien qu'en ce moment les Commissaires fussent à Paris dans leur lit. — Évidemment cet envoi ne put être fait, sans être appuyé d'une lettre particulière et confidentielle pour le maréchal Grouchy ; lettre fatale qui est restée inconnue, et qui serait aujourd'hui le nœud de la question politique. (B. 41, 42, 43).

Le 28, vers neuf heures du matin, l'officier d'ordonnance rejoignit le maréchal Grouchy entre Villers-Cotterets et Dammartin, et lui remit ses dépêches — le maréchal le réexpédia vers Senlis pour porter aux Commissaires celle qui les concernait ; puis peu d'instants après son départ, écrivit lui-même au maréchal Blucher une lettre restée in- connue, et qui serait aujourd'hui le nœud de la question personnelle (B. 43).

Cette lettre fut remise close et sans instructions verbales, au chef d'état-major du Maréchal, avec ordre de la porter au quartier-général prussien supposé être à Senlis. Le Général arrivé en cette ville vers midi, a peu près en même temps que l'officier du ministre et les Commissaires avec lesquels ils n'eût aucun rapport, remit la dépêche au quartier-général prussien, où il fut retenu. La dépêche fut portée au maréchal Blucher alors en avant vers Paris, au moins à hauteur de Gonesse. — Le Général ne vit ni le Maréchal, ni aucun chef supérieur en son nom, et s'il eût été interrogé, s'il eû eut à discuter la condition de retraite de l'aîle droite de l'armée derrière la Marne ; il eût d'autant moins pu le faire, qu'il s'avait que dans les premières heures de la journée, après l'échec de Villers-Cotterets, elle avait reçu l'ordre de prendre cette direction; et en effet, le soir de ce même jour, 28, elle occupait Meaux sur la Marne. (S. 115).

Le 29 à une heure du matin, le major de Brunneck aide-de-camp du maréchal Blucher, vint prendre à la poste le général Le Sénécal, et l'un et l'autre dans la même voiture s'arroutèrent vers le maréchal Grouchy, auquel M. de Brunneck était chargé de porter verbalement la réponse du général prussien ; et qui était en outre autorisé, à constituer immédiatement l'armistice, dans le cas d'acceptation des conditions de son chef. (B. 52).

Les deux parlementaires ne trouvant sur leur ronte, ni le maréchal Grouchy ni aucun avis de lui fixant leur itinéraire ; ignorant que la veille il s'était rendu à Paris près du maréchal Davoust, supposèrent qu'il avait suivi la marche de l'armée, et continuant leur route, arrivèrent ainsi à une lieue au-delà de Meaux, dans la colonne du général Exelmans, là où eut lieu la scène décrite par ce Général et l'officier prussien. (S. 115 — B. 54). Ce dernier qui par une réponse hautaine avait provoqué cette scène, lui attribua plus de gravité, qu'elle ne parut en avoir au général français, trop familiarisé avec de tels actes d'indiscipline ; qui ne courut d'autres dangers, que ceux que la sauvegarde du parlementaire imposaient à son honneur ; qui ne fut l'objet d'aucun mauvais procédé de la part d'aucun chef supérieur ; et surtout du général Exelmans dont il était très connu, et qui d'ailleurs était trop essentiellement militaire, pour oublier ce qui était dû au chef d'état-major de l'armée, dont son commandement faisait partie. (B. 52 à 56).

Rentré à Paris dans la soirée du 29, le chef d'état-major se rendit près du maréchal Grouchy déjà de retour, et qui lui remit une lettre ponr le duc d'Otrante par lequel il ne fut point reçu, mais ajourné au lendemain à 11 heures ; il se rendit ensuite à son hôtel, place Feydeau, où son adresse était inscrite au ministère. — La lettre du général Exelmans ne fut écrite qu'à minuit et à Vincennes ; il est donc ridicule de prétendre, que deux officiers furent expédiés, pour porter au maréchal Grouchy et à son chef d'état-major, l'ordre de se rendre à Paris, où ils étaient déjà depuis plusieurs heures, au su et connu du gouvernement. (S. 120 à 127).

Si M. de Chenier n'avait pas publié à sa manière, la scène qui eut lieu le 30 à midi au ministère de la guerre, je me serais abstenu d'en rectifier l'exposé ; ne pouvant d'ailleurs fournir à cet égard que des preuves indirectes. On comprend parfaitement, que le maréchal Davoust n'ait pas désiré, replacer le général Le Sénécal au milieu des troupes, pour y donner des explications ; de son côté celui-ci n'ayant point, *ainsi que M. de Chénier*, L'A ENTENDU OBJECTER (S. 123), *à aller reprendre son commandement,* qui n'existait plus par la cessation de celui du maréchal Grouchy, resta sans fonctions à Paris jusqu'au 3 juillet ; puis se retira dans le Calvados à sa campagne, ou sauf la très vive animadversion du gouvernement de la Restauration, il vécut jusqu'en 1836, époque de son décès, aussi unanimement honoré, qu'aucun homme de bien puisse désirer l'être. Je pense donc que sa mémoire repose sous une meilleure sauvegarde, que celle des écrits de M. de Chénier ; et peu confiant en l'autorité de sa plume, je viens en répudier la protection, dont peut-être la mémoire du maréchal Davoust lui même est fâcheusement grévée.

Bayeux (Calvados), Juin 1869.

CHARLES LE SENÉCAL.

Bayeux. — Typ. St-A. DUVANT.

9 782019 3010